중국 내셔널리즘

CHUGOKU NATIONALISM

by Shiro ONODERA

ⓒ Shiro ONODERA 2017, Printed in Japan

Korean translation copyright ⓒ 2020 by SANZINI

First published in Japan by CHUOKORON-SHINSHA, INC.

Korean translation rights arranged with CHUOKORON-SHINSHA, INC.

through Imprima Korea Agency.

중국 내셔널리즘

초판 1쇄 발행 2020년 2월 28일

지은이 오노데라 시로
옮긴이 김하림
펴낸이 강수걸
편집장 권경옥
편집 박정은 강나래 윤은미 이은주
디자인 권문경 조은비
펴낸곳 산지니
등록 2005년 2월 7일 제333-3370000251002005000001호
주소 부산시 해운대구 수영강변대로 140 BCC 613호
전화 051-504-7070 | 팩스 051-507-7543
홈페이지 www.sanzinibook.com
전자우편 sanzini@sanzinibook.com
블로그 sanzinibook.tistory.com

ISBN 978-89-6545-645-2 03910

* 책값은 뒤표지에 있습니다.
* 이 도서의 국립중앙도서관 출판예정도서목록(CIP)은 서지정보유통지원시스템 홈페이지(http://seoji.nl.go.kr)와 국가자료공동목록시스템(http://www.nl.go.kr/kolisnet)에서 이용하실 수 있습니다.(CIP제어번호: 2020006094)

아시아총서 35

중국 내셔널리즘

민족과 애국의 근현대사

오노데라 시로 지음

김하림 옮김

중국의 근대국가 형성 120년의
노정을 따라가다

산지니

중국은 1990년 이래 급속한 발전을 이뤄왔고 2010년에는 일본을 앞질러 GDP 세계 제2위의 대국이 되었다. 그에 따라 국제사회에서의 중국의 존재감과 발언력도 크게 높아졌다.

그러나 이러한 중국의 부상은 한편으로는 영토와 주권, 역사인식, 민족문제 등을 둘러싼 중국과 주변국과의 마찰을 야기하는 것이기도 했다. 고이즈미 준이치로 수상의 야스쿠니신사 참배와 일본의 UN 안전보장이사회 상임이사국 진출에 반대한 2005년의 시위, 센카쿠열도를 둘러싼 2010년의 어선충돌사건, 2012년 일본정부에 의한 센카쿠열도 국유화 조치에 대한 격렬한 반발 등은 기억에 새롭다. 남중국해를 둘러싼 중국과 동남아시아 국가들 및 미국과의 대립은 현재진행형이다. 이러한 사건들의 배경에 바로 최근 중국의 급격한 내셔널리즘의 고양이 존재한다.

오늘날의 중국 내셔널리즘의 기원을 과연 어디에서 찾을 것인가에 대해서는 크게 몇 가지 견해가 존재한다. 하나는 1990년 이래의 애국주의 교육으로 대표되는 중국공산당 정권의 정책에 의한 것이라고 보는 입장이다. 정부가 민중의 불만을 다른 곳으로 돌리기 위해, 혹은 공산당 내부의 권력투쟁을 위해 내셔널리즘을 이용하고 있다는 주장이 이른바 차이나워치 분석이나 미디어 보도 등에서 흔히 보인다.

다른 하나는 과거로부터 이어진 중국의 사회구조 및 전통적 사상·문화와 같은 요소를 중시하는 견해이다. 예로부터 변하지 않는 '중화사상'과, 다른 사회구조를 가진 중국과 일본은 애초에 서로 이해할 수 없다고 보는 입장으로, 보수적 성향을 지닌 논자 및 일부 학자들에게서 보인다.

이 두 가지 관점은 제각기 설득력을 지닌다. 한쪽은 현재에서, 다른 한쪽은 과거로부터 중국 내셔널리즘의 기원을 찾는다는 점에서 정반대의 견해로 볼 수 있지만, 어떤 점에서 둘은 매우 가깝다. 통시적인 변화라고 하는 시점이 희박하다는 점에서 그러하다. 만약 중국공산당 정권의 애국주의 교육이 효과를 발휘했다라고 한다면 중국사회에서도 그 정책을 받아들일 만한 소지가 있었다는 얘기가 된다. 따라서 그 같은 소지가 언제 어떻게 해서 형성되었는지를 검토할 필요가 있다. 그런데 다른 한편으로 그러한 소지를 과거로부터 계속 이어져 내려온 중국의 전통으로만 설명하는 방식에도 의문이 든다. 장기적 연속성을 중시한 나머지 근대 중국에서 일어난 거대한 변화를 경시하는 것 역시 타당하지 않기 때문이다.

　그런 점에서 본서는 기본적으로 중국 내셔널리즘을 근대 이래의 역사적 과정 속에서 형성된 것으로 보고 그 형성과정이 오늘날의 중국 내셔널리즘의 성격에 큰 영향을 미치고 있다는 입장을 취한다.

　현재의 중국 내셔널리즘은 일본에서 살아가는 사람의 입장에서 본다면 이상하게 느껴지는 지점도 많다. 영토문제와 주권문제에 대해 중국사회는 왜 이렇게까지 민감하게 반응하는가. 역사인식문제가 외교에서 왜 이토록 중요한 논점이 되는 것일까. 티베트와 신장에서 왜 민족문제가 발생하는가. 내셔널리즘을 동인(動因)으로 하는 시위와 외국제품 불매운동이라고 하는 행동양식 내지 정치문화가 어떻게 이 정도로 사회 일반에 광범위한 것인가. 본서의 목적은 '중국의 내셔널리즘을 역사로부터 읽어'봄으로써 이러한 의문들을 해명하는 데 있다.

　구체적으로는 19세기 말부터 21세기 초반인 현재에 이르기까지 약 120년간의 중국 내셔널리즘의 형성과 전개과정을 몇 개의 시대로 나누어 살펴보고자 한다. 또한 각 시대에 나타난 중국 내셔널리즘의 특징을 부각하기 위해 다음과 같은 네 개의 참조축을 설정하였다. 첫째, 위로부터의 공정(公定) 내셔널리즘인가, 아래로부터의 민중 내셔널리즘인가. 둘째, 서양근대 지향인가, 전통문화 지향인가. 셋째, 한인(漢人) 중심의 단일민족국가를 지향하는가, 다민족성을 강조하는가. 넷째, 내셔널리즘의 '적'으로 상정되는 것은 무엇인가의 질문이 그것이다.

먼저 서장에서는 전통 중국의 세계관에 대해 설명하고 그것이 근대 서구와의 접촉으로 인해 변용되는 과정을 서술한다. 제1장에서는 청말 지식인들이 내셔널리즘이라고 하는 개념을 수용했던 과정과 그에 따라 전개된 정치개혁과 혁명의 움직임에 대해 살펴본다. 제2장에서는 제1차 세계대전을 거치며 여러 사상이 중국에 유입되는 가운데, 내셔널리즘을 둘러싸고도 논의의 다양화 및 상대화가 나타났음을 짚어본다. 제3장에서는 5·30운동부터 중일전쟁에 이르기까지 근대중국사에서 내셔널리즘이 가장 고양되었던 시대를 개관하고자 한다. 제4장에서는 사회주의하의 중국에서 내셔널리즘이 어떠한 위치에 있었는지를 살펴보고, 마지막 제5장에서는 개혁개방 이후 어떠한 변화가 발생하여 지금에 이르게 되었는지 검토한다.

독자들이 오늘날의 중국의 내셔널리즘을 냉정하게 인식하고 그것에 대처하기 위해 필요한 지식을 얻는 데 본서가 얼마간의 실마리를 제공할 수 있게 되기를 기대한다.

중국 내셔널리즘

◦ 목차 ◦

제3장 **반제국주의의 시대** 1925~1945

전통중국의 세계관

근대서양과 국민국가

대체 내셔널리즘이란 무엇인가? 이를 한마디로 설명하기란 매우 어렵다. 잘 알려진 정의 가운데 하나로 영국의 역사학자 어니스트 겔너(Ernest Gellner)의 "내셔널리즘이란 하나의 정치원리이다"가 있다. 이 정의는 일반적으로 '민족국가' 혹은 '국민국가'로 번역되는 'nation state'의 이념을 설명한 것이다. 그렇다면 정치적 단위, 즉 국가의 범위와 일치하지 않으면 안 되는 네이션(nation)이란 무엇인가? 이 또한 난문(難問)이다. 유럽 각 언어의 'nation'에 대응하는 말이나 동아시아에서의 번역어인 '민족'과 '국민'이라고 하는 단어의 내용 및 의미 자체가 시대와 문맥에 따라 상당한 폭을 가지고 있기 때문이다.

그런 점에서 본서는 '네이션' 혹은 '내셔널리즘'이란 이러한 것이라고 먼저 정의내리는 것은 가급적 피하고, 근대 중국의 각 시대에 이들 개념이 구체적으로 어떻게 이해되고 사용되었는지 자체를 논의의 대상으로 삼고자 한다. 「들어가면서」에서 서술한 바와 같이 중국의 내셔널리즘의 문제를 역사적 관점에서 보려는 것은 바로 그 때문이다.

일반적으로 유럽에서는 베스트팔렌조약(1648년)과 프랑스혁명(1789년)을 거쳐 주권국가 간 조약에 기반한 국제체제와 국민국가가 성립되었다. 근대 서양의 경험으로부터 발생한 국민국가와 내셔널리즘은 19세기에서 20세기에 걸친 서양 국가들의 진출과 함께 세계로 확대되었다. 그 서양 국가들에 의해 식민지화되었던 아시아, 아프리카의 각 지역도 제1·2차 세계대전을 거쳐 독립하였고 현재 세계 대부분이 이 국민국가로 뒤덮였다.

덕치와 화이사상

이와 같이 근대 서구에서 유래한 국민국가가 세계를 뒤덮기 전에는 각 지역마다 일정한 합리성에 기반한 각자의 제도 및 이념이 존재했다. 유라시아대륙 동단부터 중앙아시아 일부에 걸쳐 영향력을 행사했던 중국문명도 그 가운데 하나이다.

유교에 기반한 전통적 중국왕조의 세계관을 간단히 정리해보면 다음과 같다.

초월적 존재인 '천(天)'으로
부터 '천명(天命)'을 받은 1인
의 유덕자(有德子)가 '천자(天
子, 황제)가 되어 '천하(天下)'의
통치를 맡는다. 천에 의해 보
증된 황제의 덕은 보편적인 것
으로서 황제를 중심으로 동심
원상으로 확대된다. 마치 사
철이 자석에 이끌리듯 이 덕에

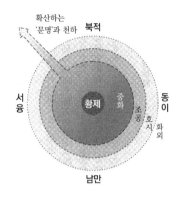

그림 0-1. 화이사상의 이미지(『흥망의 세
계사 17: 대청제국과 중화의 혼미』)

감화되어 자발적으로 모인 이들이 황제의 신민(臣民)이 된다. 그
들이 생활하는 범위가 느슨하게 '중화(中華)' 및 '중국(中國)'이 되
며, 그 바깥에 있는 사람들은 '이적(夷狄)'과 '화외(化外)'라고 불
렸다.

확산하는 '문명'과 천하

다만 중화와 이적을 나누는 기준이 되는 것은 어디까지나 황
제의 덕에 의한 교화(敎化) 다시 말해 '문명'화의 정도이고 종족
적 출신은 문제가 되지 않는다. 황제의 덕이 널리 지상에 미쳐야
하는 것인 이상, 이적 역시 언젠가는 교화를 받아들이게 될 대상
으로 상정되기 때문이다. 그러므로 중화와 이적의 경계는 어디까
지나 잠정적이고 가변적이다. 이것이 '화이사상(華夷思想)'이다.

이처럼 화이사상은 명확하고 고정적인 국경으로 구획된 영토와 국민에 대해 주권이 배타적이고도 균질하게 행사되는 근대 서양의 국가관과는 크게 다르다.

물론 이것은 어디까지나 이념적 설명이다. 실제로는 '중화' 및 '중국'을 자임한 각 시대의 왕조의 권위와 권력이 미치는 '판도' 혹은 '강역(疆域)'의 범위는 덕이 아닌 군사력에 의해 결정되었다. 그러나 역대 왕조가 일관되게 수도 남쪽의 성역인 '천단(天壇)'에서의 동지(冬至) 제천의례를 가장 중시해왔던 것은 이 화이사상이 황제의 통치력을 최종적으로 정당화하는 논리로서 오랫동안 기능해왔다는 사실을 잘 보여준다.

조공·책봉체제

화이사상에서는 '중화'의 황제가 하늘로부터 명을 받은 지상에서의 유일한 존재가 된다. 그 때문에 국가를 넘어서는 권력의 존재를 인정하지 않았고, 최고의 '주권'을 가진 대등한 국가 간에 조약에 의해 상호 계약을 하는 근대 서구의 국제관계와는 다른 성격의 대외관계가 지속되었다.

조공(朝貢)이란 한 나라의 수장이 황제의 덕을 사모하여 사절(使節)을 보내 공물(貢物)을 바치고 신종(臣從)을 표하는 의식을 행하는 것이고, 책봉(冊封)이란 황제가 그것을 인정하여 해당 인물을 국왕에 임명하는 의식을 행하는 것을 뜻한다. 이러한 의식을 통해 황제는 스스로의 높은 덕을 증명하고 사절을 보낸 수장 측도 중국왕조와 우호관계를 유지함으로써 이른바 통치의 정당성을 획득할 수 있었다.

중요한 것은 조공도 책봉도 실제로 종속과 권력의 행사를 수반한 것이라기보다는 쌍방의 관계를 안정시키기 위해 국가 간 관계를 군신관계에 비유한 허구적 측면이 강했다는 점이다. 조공국은 형식상으로는 '상국(上國)'인 중국왕조의 '속국(屬國)'이 되기는 했지만, 중국왕조의 정삭(正朔(曆), 제왕이 나라를 세운 뒤 새로 반포하는 역법曆法을 이르는 말-옮긴이)을 받들고 조공 시 유교식 의례를 따르는 등 최소한의 중화 '문명'을 수용하기만 하면 기본적으로 중국왕조가 실제 그 나라의 내정에 관여하지는 않았다. 조공국은 중국왕조로부터 회사(回賜)라고 불리는 예물을 하사받았고 황제의 은혜로서 무관세 혹은 우대관세 무역이 인정되었다.

이것은 중국왕조를 중심으로 한 일원적 외교권과 문명권이 실체로서 존재했다는 의미는 아니다. 실제로 나라들마다 조공 관계를 맺는 방법은 가지각색이었다.

예를 들어 청대(1644~1912)의 중요한 조공국으로는 조선, 류큐(琉球), 베트남 등이 있다. 그런데 청-조선 관계는 역사적, 지리적인 이유로 안정보장의 측면이 강했고, 류큐는 경제적 요인을 중시했으며, 베트남은 청나라와의 경계 유지에 중점을 두는 등 차이가 존재했다.

또한 류큐는 실제로는 사츠마번(薩摩藩)의 지배를 받는 '양속(兩屬)'의 입장에 있었고, 베트남 및 시암은 캄보디아와 라오스에 대해 스스로 '소중화(小中華)'가 되어 조공을 요구했다. 이렇듯 전근대 동아시아 각지의 정치권력 관계는 일원화할 수 없는 복합적이고 중층적인 것이었다.(『변화하는 근대 동아시아의 국제질서』)

또한 조공·책봉과 같은 정부 간 의식을 수반하지 않는 무역만의 관계도 존재했다. 예컨대 에도(江戸)시대의 나가사키(長崎)에서 이루어진 대청(對清)무역이 그 경우에 속한다. 이는 일반적으로 '호시(互市)'라고 불렸다. 또한 러시아에 대해서는 국내적으로는 조공국으로 위치지어 화이사상의 원칙을 유지하면서도, 실제로는 대등한 입장에서 네르친스크조약(1689년) 및 캬흐타조약(1727년)을 체결하는 유연한 대응도 보였다.

복합체로서의 청

앞서 설명한 바와 같이 화이사상에서는 에스닉 출신과 상관없이 그 문명을 받아들이기만 하면 '중화'의 왕조라고 여겨졌다. 17세기에 성립한 청도 바로 그러한 왕조이다.

현재의 중국 동북부에 거주하고 있던 주션(한자 표기는 여진女眞)인을 통일했던 누르하치(1559~1626)가 세운 아마가 아이신구룬(후금국後金國)이 청의 전신이다. 누르하치의 아들 홍타이지(1592~1643)가 족명을 만주(滿洲)로 바꾸었고, 1636년에는 만주인, 몽골인, 한인 왕공(王公), 장군(將軍)의 추대로 황제에 즉위하여 국명을 다이칭 구룬(大淸國)으로 변경했다. 1644년에 이자성(李自成)의 난으로 명이 멸망하자, 홍타이지의 아들 풀린(순치제順治帝, 1638~1661)은 이자성 군을 무찌르고 베이징으로 천도하였고 남은 명의 망명정권도 멸망시켜 그 판도를 청의 지배하에 두었다.

그런데 청은 그 통치영역이 중국왕조의 논리만으로 성립되었던 것이 아니라 중앙아시아의 유목민적 전통과 티베트불교 등 여러 요소의 복합체로서의 성격을 가지고 있었다는 점에 주의할 필요가 있다.

청의 통치영역은 크게 직접통치지역과 '번부(藩部)'라고 불리는 간접통치지역으로 나뉜다. 직접통치지역은 만주인의 '고지(故地)'와 주로 한인이 거주하는 '성부(省部)'로 구성되었다. 전자는 베이징 천도 이전부터 청을 따랐던 만주인, 몽골인, 한인으로 이뤄진 '기인(旗人)'에 의해 통치되었고, 그 이후에 청을 따른 한인들의 이주는 봉금정책에 따라 금지되었다. 한편 성부에서 청의 황제는 중국왕조의 천자로서 기인·한인 관료에 의한 통치를 행했다. 명나라 때와 마찬가지로 과거(科擧)라고 불린 시험이 실시되었고 유교적 교양을 몸에 익힌 지식인들이 관리에 임용되었다. 역으로 말하면 청의 통치영역 가운데 중국왕조의 논리가 적용되었던 곳은 이 범위뿐이었다고 할 수 있다.

간접통치지역인 번부도 몇 가지로 더 나눌 수 있다. 만주인에

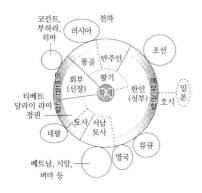

그림 0-2. 청의 판도와 조공국의 이미지
(『흥망의 세계사 17: 대청제국과 중화의 혼미』)

게 몽골인은 초기부터 동맹자였다. 청의 황제는 몽골인에게 칸이자 몽골인이 믿는 티베트불교의 보호자로서 군림하고 현지의 몽골 왕공들에 의한 통치를 승인했다.

티베트에 청의 황제는 티베트불교의 보호자인 전륜성왕(轉輪聖王), 문수보살(文殊菩薩)의 화신으로서 기인 주장대신(駐藏大臣)을 티베트에 파견하고 감독하는 형식을 취했다. 현지를 성속(聖俗) 양면에서 지배했던 달라이 라마 정권과는 티베트를 승려, 청을 시주(施主)로 여기는 단월(檀越)관계에 있었다고 할 수 있다.

또한 청은 서몽골의 준가르와 오랜 기간 대립관계에 있었는데, 건륭제(1711~1799) 때 준가르를 멸망시키고 그 땅을 '새로운 영토'를 의미하는 '신장(新疆)'이라고 이름 붙였다. 신장에는 기인의 이리 장군이 파견되어 군사지배를 했다. 다만 준가르 타도에 협력했던 현지의 회민(回民, 투르크계 무슬림)이 관리에 임용되었고 현지 지배자들의 통치도 허용되었다. 그 밖에 먀오(苗, 몬) 등이 거주하는 서남지방에서도 현지 지배자들을 '토사(土司)'에 임명하고 통치를 승인하는 토사제도가 시행되었다.

이러한 방식으로 청은 광대한 통치영역을 구축했다. 그러나 그것은 근대 서양국가와 달랐을 뿐 아니라 중국왕조의 논리로만 구성된 것도 아닌, 매우 복잡한 성격을 지닌 복합적이고 중층적인 공간이었다.(『대청제국과 중화의 혼미』)

서양국가들과의 관계

청의 통치 아래 특히 18세기에는 정치적 안정과 경제발전에 따라 '성세(盛世)'라고 불리는 번영이 구가되었다. 그 원인 중 하나가 무역의 성황이다. 17세기 말, 명의 최후 망명정권이었던 대만의 정씨정권이 멸망함에 따라 청은 종래의 해금(解禁)을 완화하고 광저우, 샤먼, 상하이, 닝보 등에 해관(海關, 세관)을 설치하고 양행(洋行)이라 불리는 특허상인에 의한 대외무역을 인정했다. 당시 청에 가장 중요했던 무역 상대국 중 하나가 실은 영국으로 대표되는 서양국가들이었다. 특히 이들 나라에서 들어온 멕시코 은은 은을 통화(通貨)로 삼고 있던 청의 호경기에 중요한 요인이 되었다.

다만 청은 서양과의 무역을 광저우항 하나로 한정했고 양행의 영세함도 거래를 확대하는 데 장해 요소로 작용했다. 이에 영국은 1793년 조지 매카트니(George Macartney)를 단장으로 한 사절단을 중국에 파견해 무역 조건의 개선과 상주(常駐) 사절의 교환을 요구했다. 청나라 측은 영국 사절단에 다른 조공국과 마찬가

그림 0-3. 서양식 의례를 요구하는 매카트니
영국에서 상상을 바탕으로 그려진 풍자화. 건륭제(좌)의 건방진 모습이 강조되고 있다.

지로 황제를 알현할 때 삼궤구고두(三跪九叩頭, 세 번 절하고 아홉
번 머리를 조아림)의 예를 다할 것을 요구했다. 매카트니 측은 한쪽
무릎을 꿇고 손에 입을 맞추는 서양식의 의례방식을 요구했지
만, 건륭제는 종래 방식의 변경을 인정하지 않았다. 청에게도 서
양과의 무역은 분명 중요했지만, 다른 한편으로 중국문명의 유
일성(唯一性)을 전제로 한 조공·책봉체제와 주권국가 간의 대등
성을 전제로 한 서양의 조약체제는 이념으로서 상용(相容)되지
않았다. 이 문제가 표면화된 것이 알현의식을 둘러싼 대립이었던
것이다. 이후 영국은 다시 윌리엄 애머스트(William Pitt Amherst)

사절단을 파견했는데(1816년), 이때에도 마찬가지로 의례상의 문제가 발생하여 황제를 알현하지 못하고 떠났다.

이러한 양국 간의 대립은 잘 알려진 바와 같이 서양 측의 실력 행사에 의해 타파되었다. 영국이 대청무역적자의 대책으로 추진한 영국산 아편밀수가 원인이 되어 아편전쟁(1840~1842)이 발생했던 것이다. 청은 패배했고, 그 결과 상하이, 닝보, 푸저우, 샤먼, 광저우의 개항과 자유무역의 실시, 홍콩 할양 등을 골자로 한 난징조약(南京條約)이 체결되었다. 게다가 1843년의 오구통상장정(五口通商章程), 호문채추가조약(虎門寨追加條約)을 통해 영사재판권(치외법권) 및 청에 불리한 편무(片務)적 최혜국대우가 정해졌고, 관세율도 협정에 따라 일정하게 고정되었다(관세자주권의 상실). 청은 1844년에 각각 미국과 망하조약(望廈條約)을, 프랑스와 황푸조약(黃埔條約)을 체결하고 마찬가지의 권리를 인정했다. 개항장에는 행정권을 가진 외국인 거류지인 조계(租界)가 설치되었다.

이상은 후에 이른바 '불평등조약'이라는 점에서 강한 비난을 받게 된다. 그러나 당시 청은 원래부터 주권국 간의 대등성이라는 관념이 없었기 때문에 이러한 조건이 '불평등'하다는 인식 자체가 옅었고 단지 이것을 서양국가들에 대한 일시적 양보나 은혜라고 여기기 십상이었다.

대외관계의 전환과 일본의 대두

　그러나 제2차 아편전쟁(1856~1860) 패배 후에 체결된 톈진조약
(天津條約), 베이징조약(北京條約)에서는 톈진 등 11개 도시의 개
항, 외국인의 내지여행권, 기독교의 내지포교권, 아편무역의 공인
등이 추가되었고, 베이징에 영국, 미국, 프랑스, 러시아 공사관이
설치되었다.

　이러한 조처는 명확히 청의 대외관계를 종래의 조공·책봉체
제에서 근대적 조약체제로 전환시키려는 의도에 기반한 것이었
다. 톈진조약으로 공문서상에서의 '이(夷)'자의 사용이 금지됨에
따라 그때까지 '이무(夷務)'로 불렸던 서양에 관한 업무 일반이
새롭게 '양무(洋務)'라는 이름으로 불리게 되었던 사실은 그것을
잘 보여준다. 청은 1861년에 총리각국사무아문(總理各國事務衙
門)을 신설하고 각국 공사관에 대응시켰다. 원래 청에서 조공 사
무는 왕조의 의례를 정하는 예부(禮部)라고 하는 부서(部局)가 맡
고 있었는데, 그와 달리 '외교'를 전문적으로 처리하는 부서가 처
음 설치되었던 것이다.

　톈진조약은 이후 오랜 기간에 걸쳐 청과 서양의 관계를 규정하
는 중국의 대외관계사에 있어 큰 전환점이 되었다.

　서양과 함께 청의 전통적 세계관을 동요시킨 것은 다름 아닌
메이지유신을 거쳐 서양식의 근대국가 건설을 추진하고 있던 일
본이었다. 1874년, 일본은 류큐의 표류민이 대만의 선주민에게

살해당한 사건을 빌미로 대만에 출병했다. 다음 해인 1875년에는 류큐가 청에 조공하는 것을 금지시키고 1879년에 오키나와 현을 설치했다(류큐처분). 이것은 청의 화이사상을 부정하고 서양적 주권국가의 논리에 기반하여 국경 획정을 강압한 것이었다.

더 나아가 1883년에는 프랑스가 베트남을 보호국화했고, 청불전쟁(1884~1885)으로 체결된 텐진조약에 따라 청-베트남 간의 조공관계가 부정되었다.

이처럼 종래의 청의 조공국들이 차례로 열강의 영토와 식민지로 편입되었다. 이에 대해 청은 한인의 이주가 진행된 신장과 대만에 성을 설치하고 성부로 편입시켜 통치를 강화해나가는 한편, 남아 있던 조공국인 조선에 대해서도 종래의 관례를 부정하고 내정개입을 시도했다. 그러나 결국 한반도로의 진출을 도모한 일본과의 사이에서 발생한 청일전쟁(1894~1895)에서 패배한 결과, 청은 시모노세키조약에 따라 조선을 독립국으로 인정했다.

이처럼 화이사상에 기반한 조공 · 책봉체제는 붕괴했고 청나라 역시 근대적 조약체제로 완전히 이행하게 되었다. 이러한 국제관계의 변화는 청국 내의 통치체제 및 사람들의 세계관에도 변화를 초래했다. 다음의 제1장에서는 청일전쟁 패배 후 보다 밀접하게 국제관계 속으로 편입해 들어간 청의 위 · 아래로부터의 내셔널리즘의 발생 양상에 대해 살펴보고자 한다.

중국 내셔널리즘의 기원

1895~1911

왕조에서 국가로

'변법'과 '보국'

1895년, 청이 청일전쟁에서 패배하여 강화교섭이 시작되자 지식인들을 중심으로 강화에 반대하는 움직임이 일어났다. 마침 회시(會試, 과거의 최종단계) 수험(受驗)을 위해 베이징에 체류 중이었던 캉유웨이(康有爲)는 강화 거부, 천도(遷都)를 통한 철저항전과 변법(變法, 정치개혁)을 호소하는 상주문을 작성했고 함께 과거를 치르기 위해 온 사람들로부터 지지를 얻었다. 캉유웨이는 광저우 및 상하이에서 한역(漢譯)된 서양 서적들을 접하면서 그 영향을 받고 있었다.

이 상주문에서 중요한 내용은 그가 "열국병립지세(列國竝立之勢)에 의해 천하를 다스려야지 일통수상지세(一統垂裳之勢, 교화를 통해 주변이 스스로 중화를 흠모하게끔 함)에 의해 천하를 다스려서는 안 된다"(『청황제에게 올리는 두 번째 서한』, 1895년 5월)고 언급한 부분이다. 중국왕조를 유일 문명으로 보는 종래의 견해를 부정하고 서양국가들과 일본의 힘을 인정했던 것이다. 캉유웨이는 그 연장선상에서 서양과 일본을 모방하여 나라를 개혁하고 부국강병을 실현할 것을 주장했다. 이것은 서장에서 서술했던 조공·책봉에 기초한 전통적 세계관으로부터 주권국가 간 조약에 기초한 서양적 국제관으로의 이행에 대응한 것이었다.

이 상주문이 실제로 광서제(光緖帝, 1871~1908)에게 이르지는 못했지만, 지식인층을 주체로 한 개혁의 시도가 본격적으로 개시되는 데 중요한 계기로 작용했다. 그들은 '학회'(실질적으로는 정당)를 조직하고 시사문제와 부국강병의 방법에 대해 논했다. 이 시기에는 전신망의 발달로 대도시 간 정보전달이 신속하게 이뤄졌고 인쇄기술의 도입으로 인해 신문 및 잡지 간행도 활발해졌다. 그에 따라 학회에 모인 개혁파 지식인 및 관료들이 신문·잡지의 발행을 통해 여론을 형성하는 새로운 정치수법이 확산되었다.

캉유웨이 등은 1895년에 베이징에서 조직된 강학회(強學會)에 참여하여 강학회 상하이분회 기관지인 『강학보(強學報)』를 간행했다. 이 잡지는 머지않아 발행금지 처분을 받았지만, 이어 캉유웨이의 제자인 량치차오(梁啓超)가 주필을 맡아 창간한 『시무보(時務報)』가 개혁파 지식인 사이에 널리 읽히게 되었고 그 과정에서 캉유웨이, 량치차오 등의 성망(聲望)이 높아졌다.

1898년 캉유웨이는 다시 베이징에서 보국회(保國會)를 조직했다. 그는 톈진의 『국문보(國聞報)』(옌푸가 창간한 신문)에 게재된 보국회의 회규에서 "본회는 국지(國地)가 나날이 할양되고 국권이 나날이 침탈되고 있으며 국민이 나날이 곤궁해지고 있음으로 이것을 지키고 구하고자 한다", "본회는 (…) 이전의 잘못을 이후의 교훈으로 삼아 국지, 국민, 국교

그림 1-1. 캉유웨이(1858~1927)
광둥성 출신. 무술변법이 실패해 해외로 망명한 후에도 보황회를 조직하여 광서제 하에서의 입헌제 수립을 호소하고 화교의 지지를 모았다.(『상하이도서관장역사원조』)

의 보전을 도모한다"(「보국회장정」, 1898년 5월)고 선언했다.

여기에서 문제가 된 것은 반복적으로 언급되고 있는 보전해야 할 '국(國)'이란 무엇을 가리키는가 여부이다. 캉유웨이는 그것의 내용으로 "국가의 정권(政權)과 토지", "인민과 종류(種類, 민족)의 자립", "성교(聖敎)의 보존", 다시 말해 주권과 영토, 국민 그리고 유교로 대표되는 전통문화를 들었다. 이러한 캉유웨이의 주장에 대해 반대파는 그가 "청을 지키는 것이 아니라 중국을 지키려 하고 있다"고 비판했는데, 이는 황제라고 하는 한 개인 및 청이라고 하는 한 왕조에 대한 충성과 영토·국민·주권으로 이뤄진 '국가' 및 전통문화에 대한 충성이 서로 괴리될 가능성에 대해 걱정

하고 두려워한 탓이다.

1898년 6월, 광서제는 캉유웨이 등을 등용하고 서양과 일본을 모델로 삼은 정치체제 개혁을 시작했다(무술변법). 그러나 너무나 성급하게 추진된 위로부터의 변법은 개혁파 대관들에게조차 지지를 얻지 못했다. 그 결과, 실권을 장악한 서태후(西太后, 광서제의 큰어머니, 1835~1908) 등 보수파의 쿠데타에 의해 변법은 실질적 성과를 거의 거두지 못한 채 3개월 만에 실패했다. 광서제는 유폐되었고 변법파의 대다수가 체포되거나 처형되었으며 캉유웨이, 량치차오 등도 국외로 망명하게 되었다.

의화단과 민중사회

그런데 개혁에 반대했던 서태후 등의 행동 역시 청말 사회의 요청을 일정 정도 반영한 것이었다. 청은 18세기에 기독교 포교를 금지했으나, 아편전쟁 이후 서양 선교사의 활동이 점차 확대되었고 제2차 아편전쟁 후에는 기독교 포교가 정식으로 인정되기에 이르렀다. 기독교 신자의 증가는 종래 유교에 기반한 사회질서에 큰 위협이 되었다. 특히 신도와 비신도 간의 대립과 소송에서 조약상의 특권을 가진 서양인 선교사 및 교회가 종종 개입했던 상황은 외래의 것에 대한 반발과 더불어 기독교와 서양인에 대한 비신자의 증오감을 높였다.

그로 인해 교회와 기독교 신도에 대한 중국 민중의 습격 및 양자 간의 분쟁이 잇따랐다. 교회에서 운영하는 병원과 고아원이 임부와 아이를 살해하여 약의 재료로 삼았다고 하는 유언비어의 배후에 종종 전통적인 유교적 사회질서를 유지하려고 하는 지식인들의 선동이 있었다는 사실도 잘 알려져 있다.

그들은 정부에 서구의 것을 배제할 것을 요구했는데, 그 충성과 귀속감의 대상은 청이라고 하는 한 왕조가 아니라 기존의 사회질서와 문화적 '중국'에 있었다. 서태후 등이 이러한 민중으로부터의 지지를 왕조로 끌어들이기 위해서는 서구적 개혁에 대해 부정적 태도를 갖지 않을 수 없었던 것이다. 여기에서도 '중국'과 '청'이 괴리되는 것에 대한 두려움을 엿볼 수 있다.

이러한 민중의 문화와 감정에 기반을 두고 아래로부터 발생한 반(反)서양의 시도 중 최대 사건이 바로 의화단운동이다. 의화단은 산둥성에 기원을 둔 종교결사 내지 무장집단으로, 제천대왕(齊天大王, 손오공)과 관제(關帝, 관우)라고 하는 민중에서 인기가 높은 신이 단원(團員)에게 빙의되어 불사신의 육체를 얻을 수 있다는 주장을 폈다. 그들은 교회를 습격하고 기독교도를 살해하는 한편, 서양을 상징하는 철도·전신 시설을 파괴하여 민중의 지지를 모으면서 신속하게 세력을 확대해나갔다. 의화단은 '부청멸양(扶淸滅洋, 청을 돕고 서양을 멸망시킨다)'이라고 하는 슬로건을 내걸었는데 이때의 '청' 역시 특정 왕조를 지칭하는 것이라기보다는 '중국'의 전통적 질서와 문화, 가치관 등을 가리켰다.

의화단의 활동은 당연하게도 열강의 개입을 초래했는데 그 일환으로 1900년 청에 의화단의 처리를 요청한다. 그러나 의화단이 민중의 아래로부터의 반서양 감정과 '중국'에 대한 충성심에 기반하고 있는 이상, 청 정부가 서양의 요구에 따라 그들을 탄압하는 것은 마치 청이 '중국'을 보호하지 않고 민중의 충성의 대상으로서의 자격을 잃는 것을 의미했다. "금일의 중국은 적약(積弱)이 이미 극도에 달하여 의지할 것은 인심(人心)뿐이다. 만약 인심마저 잃으면 무엇으로 나라를 세울 것인가"라는 서태후의 언급은 그것을 단적으로 보여준다.

열강의 부대가 자국민 보호를 목적으로 톈진에 상륙한 후 베이징을 향하자 그해 6월 청 정부는 열강에 선전포고를 했다. 하지만 그 결과는 참담했다. 청군과 의화단은 영국, 프랑스, 미국, 독일, 오스트리아, 이탈리아, 일본, 러시아 8개국 연합군에게 완패했고 톈진, 베이징은 점령되었으며 청 정부와 서태후, 광서제는 시안(西安)으로 피난을 떠났다.

'문명'과 '야만'

다음 해인 1901년에 청과 8개국 및 벨기에, 네덜란드, 스페인 간에 체결된 베이징의정서(北京議定書, 신축조약辛丑條約)는 청에 책임자 처벌과 배외활동의 단속을 명하고, 베이징, 톈진에 열강의 군대 주둔을 인정케 함과 동시에 당시 청의 국가예산의 몇 배를 상회하는 막대한 배상금을 부과했다.

서양에 의한 완전한 패배 그리고 정부 내에서 보수파가 일소된 상황에서 서태후 등도 서양을 모방한 정치체제 개혁을 선언하지 않을 수 없었다(광서신정光緖新政). 이것은 실질적으로는 중단되었던 무술변법이 재개된 것이었다. 총리아문은 보다 본격적인 외교 기관으로서의 성격을 지닌 외무부로 개조되었다. 일본을 모델로 한 학교교육 제도가 개시되었고, 1905년에는 유교에 기초한 관리 자격시험이었던 과거가 폐지되었으며 서양식 학교의 학력으로 관리를 임용하는 방식이 채용되었다.

위안스카이(袁世凱)의 주도 하에 서양식의 '신군(新軍)'의 정비도 추진되었다. 같은 해인 1905년에는 정치제도 시찰단이 구미와 일본에 파견되었고 그 다음 해에는 예비입헌(입헌 군주제로의 이행 준비)이 선언되었다. 1908년에는 대일본제국 헌법을 모방한 흠정헌법대강 (欽定憲法大綱)이 공포되었다.

의화단에 대한 평가는 오늘 날에도 다양하다. 단, 어느 쪽이건 중요한 것은 의화단운동

그림 1-2. 위안스카이(1859~1916)
허난성 출신. 청일전쟁 후 톈진에서 신정을 추진하고 돤치루이, 펑궈장, 차오쿤 등을 수하로 두고 세력을 점차 확대하여 청 정부 최대의 실력자가 되었다.(『위안스카이와 북양군벌』)

이 전통사상에 기반한 민중의 아래로부터의 배외감정의 폭발이
자 그 최종적 좌절이었다는 점이다.

신정에 의해 과거제가 폐지되자 종래의 과거 수험생의 상당수
는 거리가 가깝고 같은 한자를 사용하는 일본으로 유학을 떠나
서구적 근대국가 건설의 방법을 학습했다. 그중 저명한 인물로
천톈화(陳天華, 1875~1905)를 꼽을 수 있다. 천톈화는 의화단사건
으로부터 3년 후인 1903년 「경세종(警世鐘)」이라고 이름 붙인 구
어체 팸플릿에서 앞으로 '중국'이 나아가야 할 방향에 대해 논의
하는 가운데 "문명적 배외(排外)의 방법에 의거해야지 야만적 배외
의 방법을 사용해서는 안 된다"고 주장했다. 여기서 '문명적 배외
방법'이란 서양에서 유래한 국제법에 따라 어디까지나 평화적 수
단으로 서양에 대항해야 함을 의미한다. 이와 달리 '야만적 배외
방법'이란 바로 의화단과 같이 민중에 의해 감정에 휘둘려 행동의
결과를 생각하지 않고 폭력적인 방식으로 서양인을 배제하는 것
을 가리킨다. '야만적 배외'는 결국은 자신의 입장을 보다 악화시
킬 수밖에 없고, 때문에 서양에 대항하기 위해서는 서양으로부터
배워 '문명적 배외'를 행하는 수밖에 없다고 주장했던 것이다.

실제로 1902년에 청-영 간에 체결되었던 청영추가통상항해조
약(淸英追加通商航海條約)에 청의 근대적 법제 정비를 조건으로
치외법권을 철폐한다고 하는 내용의 조항이 포함되어 청 정부에
의한 신정 추진의 배경이 되었다. 여기에서 '문명'의 기준은 어느
새 '중국'이 아닌 서양에 있게 된 것이고, 전통문화를 바꾸고 서

양의 '문명'을 도입하는 것 자체가 '중국'을 보전하는 방법으로 여겨졌던 것이다.

신정에 따른 과거제의 폐지와 서구 제도의 대대적 도입은 유교로 대표되는 전통적 문화와 가치관의 상대적인 지위 저하를 초래했다. 1906년에 정부가 공포한 학부주정권학소장정(學部奏定勸學所章程)은 공자묘, 불교사원, 도관(道觀)으로 대표되는 지방의 종교시설의 토지와 건물을 재원으로 서양식 학교 건설을 추진할 것을 명했다(묘산흥학廟産興學). 또한 사치를 명분 삼아 묘회(廟會), 성황새회(城隍賽會) 같은 제사도 중지시켰다. 이들 제사는 왕조의 국가제사에 민간신앙을 접목한 것으로 중국사회의 유연한 통합을 도모해온 처사였다는 점에서 이는 청 정부가 서양 '문명'과 부국강병의 추구, 미신의 억압으로 방향을 전환했음을 의미하는 것이었다. 그러나 그러한 방향 전환은 어쩔 수 없이 정부의 통치이념과 기층사회의 괴리를 발생시켰다.(『후난성근대정치사연구』)

근대화 정책의 재원 확보를 위한 증세와 중앙집권적 시책도 지방의 반발을 초래했다. 각지에서 폭동과 항조·항량(抗租·抗糧, 소작료·납세 거부)이 발생했다. 학교의 경비는 지방의 부담이 되었기 때문에 학교에 불을 지르는 경우도 발생했다. 이러한 현상은 메이지 초기의 일본과도 유사했다.

이상과 같이 의화단사건을 거치면서 청 정부와 지식인의 중심은 아래로부터의 민중적, 전통적, 감정적인 '야만적 배외'를 부정하고 위로부터의 서양화, 근대화와 '문명적 배외'를 목표로 삼는 방향으로 전환했다. 그것은 지식인 주도, 서양 근대적, 이성적 수단에 의해 부국강병을 도모하는 것으로서 때때로 다소간의 갈등이 있었지만 이후 근대 중국을 이끌어간 각 정권의 기본 노선이 되었다.

다만 위로부터의 근대화 정책이 기층사회에 침투되는 과정에는 많은 어려움이 수반되었다. 또한 결과적으로 중국의 내셔널리즘이 민중, 전통, 감정을 '야만'으로 치부하여 억압하고 지식인, 서양, 이성에 의한 '문명'을 추진하는 형태로 전개되게 된 것 역시 이후 중국의 근대국가건설 과정에 여러 가지 영향을 미쳤다.

'중국'을 만들다
량치차오의 시도

국명과 국사의 창조

여기에서 서술할 내용과 관련하여 가장 핵심적인 인물이 바로 량치차오이다. 1898년 무술변법 실패 후 일본으로 망명했던 량치차오는 요코하마에서 잡지 『청의보(淸議報)』, 『신민총보(新民叢報)』를 간행하고 청의 정치개혁을 지속적으로 요구했다. 량치차오는 일본의 서적을 소개하고 서양의 학술과 지식을 흡수하였으며 그것을 평이한 문체로 한역(漢譯)하여 차례차례 소개했다. 『청의보』와 『신민총보』는 유학생과 화교 사이에서 널리 읽혔는데, 청국 내에도 몰래 유입되어 지식인들로부터 절대적 지지를 얻는 매체가 되었다.

량치차오로 대표되는, 청말 국외를 방문하여 서양사상에 접촉했던 지식인들이 최대 과제로 삼은 것은 그때까지의 중국왕조와

제1장 중국 내셔널리즘의 기원 1895~1911

는 다른 서구적 근대국가를 어떻게 만들 것인가 하는 것이었다. 이러한 의제를 두고 그들이 우선 직면했던 고민은, 자신들은 가장 기본적인 국명조차 가지고 있지 않다고 하는 문제였다.

예를 들어, 1877년에 초대 주일공사 허루장(何如璋)을 따라 일본에 주재했던 외교관 황준셴(黃遵憲, 1848~1905)은 당시 일본사회를 상세히 관찰하여 『일본국지(日本國志)』(1890년 집필, 95년 출간)를 저술했다. 이 책은 개혁파 지식인들 사이에서 널리 읽혔고 무술변법에 이르러서는 일본의 메이지유신이 모델로 채용되는 결과를 낳았다. 황준셴은 『일본국지』에서 이미 "지구상의 각국은 영국과 프랑스와 같이 나라 전체를 가리키는 총칭을 가지고 있다. 중국만 그것이 없다"라고 지적했다.

이 문제를 보다 명확하게 논했던 이가 황준셴과도 친교가 깊었던 량치차오이다. 량치차오는 1901년 『청의보』에 발표한 글에서 다음과 같이 서술했다.

우리가 가장 부끄럽게 생각하는 것은 우리나라에 국명이 없다고 하는 사실이다. (우리나라를 부르는) 일반적 통칭으로는 제하(諸夏)라고 하거나 한인(漢人)이라고도 하고 혹은 당인(唐人)이라고 하는데 이는 모두 왕조의 이름이다. 외국인이 부르는 명칭으로는 진단(震旦)이라고 하거나 혹은 지나(支那)라고 하는데, 이 모두 우리 스스로가 명명한 이름은 아니다. (…) 중국(中國)이라고 부르거나 중화(中華)라고 하는 것도 자존자대(自尊自大)로, 남들로부터 외면당

하는 것을 피할 길이 없다. (…) 삼자 모두 결함이 있는 가운데 부득이하게 우리가 구두로 말하기 익숙한 명칭을 사용하여 중국사 (中國史)라고 불리게 된 것이다.(「중국사서론」, 1901년 9월)

량치차오의 영향하에 문제의식을 공유했던 청말의 지식인 특히 일본 유학생들 역시 국명을 모색했다. 1900년대에는 위에 거론된 '진단', '지나', '중국', '중화'를 포함한 여러 명칭이 사용되었는데, 그중 최종적으로 '중국'이 널리 사용되게 되었다. 이렇게 '중국'은 막연하게 문명권을 지시하는 말에서 일국가의 명칭으로 변화했다.

그림 1-3. 량치차오(1873~1929)
광동성 출신. 신해혁명 후 귀국하여 정계와 학계에서 활동하였고 위안스카이의 황제즉위에 반대하는 운동을 조직하기도 했다.(『상하이도서관장역사원조』)

위의 량치차오의 글은 서양을 모방한 근대국가의 역사를 만들 필요성을 역설했던 것이다. 왜 근대국가에는 국가의 역사가 없으면 안 되는가? 량치차오는 다음 해에 작성한 「신사학(新史學)」이라는 제목의 글에서 재차 다음과 같이 서술하고 있다. "사학(史學)은 학문 가운데 가장 박대(博大)하고 가장 절요(切要)한 것으로, 국민의 명경(明鏡)이고 애국심의 원천이다. 오늘날 유럽 민족주의가 발달하게 된 원인, 열국이 나날이 문명으로 나아가는 원인 가운데 사학의 공은 그 절반을 차지한다."

그렇다면 그가 말한 새로운 신사학(新史學)과 역대 왕조의 정사(正史)와 같은 과거의 역사서는 어떻게 다른 것일까? 량치차오는 옛 역사의 결점은 "조정은 알아도 국가가 있는 줄은 알지 못하고", "개인은 알아도 사회가 있음은 알지 못하고", "과거의 사적은 알아도 지금 마땅히 해야할 일이 있음을 알지 못하고", "사실은 알아도 이상이 있는 줄은 알지 못한" 데 있다고 보았다.(「신사학」, 1902년 2월)

요컨대, 량치차오가 만들고자 한 것은 바로 개개 군주와 왕조의 역사를 넘어선 네이션의 역사로, 그것은 '민족주의', '애국심'의 확립이라고 하는 현재의 과제에 도움이 되어야 한다고 보았던 것이다.

결국 량치차오 자신이 그러한 '중국사'를 기술하지는 않았지만 이 과제는 량치차오의 영향을 받은 지식인들에게 맡겨졌다. '중국'이라고 하는 국명, 그리고 그 '중국'이 고대로부터 이어져 존속해왔다고 하는 관념이 이 시점에 처음 확립되었던 것이다. 이 관념은 후술하는 바와 같이 신설학교와 교과서를 통해 확산되었다.

'과분(瓜分)'에 대한 위기감 - 영토와 지도

'중국'의 시간적 연속성을 드러내기 위해 새로운 역사학이 필요하다면, 그 공간적 범위를 보여주기 위해 필요한 것이 바로 지리학이다.

징세와 재판을 제외하면 정부가 사회에 간섭하지 않았던 전통적 왕조체제를 근대국가로 재편하기 위해서는 개개의 국민들에게 국가에 대한 충성심을 가지게 만들고 국가가 국민 개개인을 파악할 필요가 있다. 그것은 근대국가 건설을 목표로 삼았던 세계 모든 지역에서의 과제였지만 광대한 판도와 방대한 신민을 다스리고 있었던 청에게는 특히나 어려움을 수반했다.

청말에 근대국가로서의 '영토'가 의식되게 된 계기는 1898년에 일어난 어떤 사건 때문이다. 독일이 선교사 살해사건을 구실로 청으로부터 산둥반도의 자우저우만(膠州灣)을 조차(租借)하자, 영국은 산둥반도의 웨이하이웨이(威海衛) 등을, 러시아는 맞은편에 위치한 랴오둥반도의 뤼순, 다롄을, 프랑스는 그다음 해에 프랑스령 인도차이나에 가까운 광저우만(廣州灣)을 차례로 조차했다. 또한 열강은 청일전쟁의 전비(戰費)와 배상금으로 재정난에 빠져 있던 청에 차관을 제공하고, 그 대가로 조차지 주변의 철도부설권·광산개발권 등을 획득하여 그 범위를 자신의 세력권으로 간주했다.

이 세력권은 이권을 획득한 지역에 관한 열강 간의 약정을 근거로 삼았는데 실체는 상당히 애매했다. 오히려 중요한 것은 이들 열강의 세력권에 따라 구분되어 칠해진 청의 지도가 인쇄미디어를 통해 확산되었다는 점이다. 이것은 중국의 지식인들로 하여금 청의 판도가 '과분(瓜分)' 다시 말해 과일을 잘라 쪼갠 것처럼 열강에게 분할되는 것이 아닌가 하는 위기감을 품게 했다.

다만 분할에 대한 위기감은 영토의 일체성을 전제로 한 것이 아니었다. 서장에서 서술한 바와 같이, 청의 판도는 원래 청의 통치 하에 편입된 역사적 경위, 주민의 귀속의식의 정도, 통치권력이 미치는 강도 등이 각기 달라 상당히 복합적이고 중층적으로 구성되어 있었다. 따라서 그것이 균일하고 불가분의 일체성

그림 1-4. 『신민총보』 제1호 표지

을 가지는 것이라고 하는 인식이 19세기 이전에 일반적이었다고는 말하기 어렵다. 오히려 '과분'에 대한 충격과 위기감이 먼저 발생한 후 그로부터 일체의 영토라고 하는 관념이 생겼고 그 관념이 과거로 소급 적용되었다고 보는 편이 정확할 것이다.

량치차오도 1899년에 「과분위언(瓜分危言)」이라는 제목의 글을 『청의보』에 게재하여 영

토 분할의 위기를 호소했다. 또한 그가 1902년에 창간한 『신민총보』의 표지는 동아시아 지도에서 청의 범위를 온통 빨간색으로 칠한 디자인으로 당시 독자들에게 강렬한 인상을 남겼다.(『애국주의의 창성』)

이 문제는 교육과도 관련된다. 광서신정이 개시되고 1902년에 흠정학당장정(欽定學堂章程, 임인학제壬寅學制)가, 다음 1903년에는 개정판 주정학당장정(奏定學堂章程, 계묘학제癸卯學制)이 반포되었다. 일본을 모델로 삼은 학교체계가 수립됨에 따라 각지에 신식학당(서양식 학교)이 설치되었다. 교육 연한은 초등소학당 5년, 고등소학당 4년, 중학당 5년, 고등학당 3년, 대학당 3~4년 등으로 정해졌고 초등소학당은 의무교육이었다. 실제로 학교에 다닐 수 있었던 것은 일부 부유한 계층뿐이었지만 근대적 학교교육이 시작된 것은 분명하다.

여기에서 중요한 것은 교과서라고 하는 새로운 미디어의 등장이다. 특히 지리교과서에는 '중국'의 지도가 게재되었는데 국경선으로 구획된 지도를 통해 '중국'의 범위 및 영토의 불가분성에 대한 인식이 확산되어갔다.

영토에 대한 인식이 '과분'에 대한 위기감으로부터 발생했다는 데에서 알 수 있듯이, 근대국가로서의 중국의 국경은 열강에 의한 조공국의 식민지화와 대외적 압력으로 인해 획정되게 된 측면이 있다. 이것은 당시 지식인들 사이에 현재의 국경이 부당한 '영토의 상실'에 의한 것이라는 인식을 형성시켰다. 이것은 오늘에 이르기까지 중국이 영토문제를 민감하게 여기게 된 요인 중 하나라고 할 수 있다.

다만 이러한 경향은 중국의 경우에만 한정된 특유한 현상이라기보다는 비슷한 상황에서 국가형성을 했던 지역에 공통적으로 나타나는 특징이라고 볼 수 있다. 다른 한편으로 몽골, 티베트, 신장, 류큐, 조선, 인도차이나 등 국경문제에 있어서 현지 주민의 의사보다는 대국(大國) 간의 힘의 관계에 의해 어느 국경선 안에 속하는가가 결정되었던 지역들의 존재도 잊어서는 안 된다.

왕조를 초월한 역(曆)과 상징

국명과 지도는 '중국'이라고 하는 국가의 영토의 범위 및 주권의 소재를 가시화하기 위한 것이었다. 이와 관련하여 '중국'의 네이션을 어떻게 표상하고 사람들에게 공통의 인식을 갖게 할 것인가가 또 하나의 과제로 등장하였다. 그리하여 '중국' 네이션을 표상하고 가시화하는 상징이 필요케 된다.

앞서 서술한 「중국사서론」에서 량치차오는 다음과 같은 제안을 하고 있다.

우리 중국은 지금까지 제왕(帝王)의 칭호를 기년(紀年)으로 삼아, 1인의 제왕이 죽을 때마다 그 기호(記號)를 바꿔왔다. 이것은 매우 야만적인 방법이고 역사를 고찰할 때 아주 불편하다. (…)

갑의 주장은 "세계에서 통용되는 기호를 채용해야 하기 때문에 예수의 탄생을 기원으로 삼아야 한다"라는 것이다. (…) 을의 주장은 "우리 국민의 개조(開祖)인 황제를 기원으로 삼아야 한다"라는 것이다. (…) 완벽한 것이 하나도 없는 가운데, 단지 공자를 기년으로 하는 방법만이 중국에 가장 적합하다.(「중국사서론」, 1901년 9월)

량치차오는 '국민'을 주체로 한 역사를 구상하는 가운데, 각 왕조와 황제의 연호를 넘어 일관된 기년법(紀年法)을 설정하는 방식으로 '중국'의 역사적 연속성을 드러내려 했다. 여기에서 예로 제시하고 있는 것은 그리스도 탄생기원이지만 량치차오가 체류하고 있던 일본의 신무(神武)기원도 당연히 하나의 모델로 염두에 두고 있었을 것이다.

황제(黃帝)란 『사기』 등에 기록되어 있는 중국 최초의 제왕으로 여겨지는 전설상의 인물이다. 량치차오는 '중국' 네이션의 역사 기점으로 삼기에 적합한 문화적 상징으로서 황제와 공자를 거론했는데 다소 소극적인 이유로 후자인 공자의 사용을 제안했다. 이것은 후술하는 것처럼 량치차오의 스승인 캉유웨이가 공자를 교주로 하는 '공교(孔教)'를 국교로 삼을 것을 주장했던 것과 관련된다.

그런데 원래 청을 비롯한 중국 왕조에서 역의 결정은 황제의 전권사항이다. 이 문제를 자유롭게 논한다고 하는 것 자체가 반역으로 여겨질 수밖에 없는 행위였다. 량치차오 등이 관여한『강학보』가 1896년에 발행 금지된 것도 해당 잡지가 「공자기년설(孔子紀年說)」을 게재하고 "공자졸후(孔子卒後) 2,373년"이라고 하는 일종의 공자기년을 사용했던 것이 불경하다고 여겨졌기 때문이다.

한편 그 무렵부터 청 왕조의 틀을 지키는 선에서 입헌개혁을 주장한 량치차오 등의 입헌파와 대립하여, 청 자체의 타도를 주장한 혁명파라 불리는 지식인들이 점차 세력을 확대해가고 있었다. 혁명파의 간행물들은 보다 명확하게 청의 통치의 정당성을 인정하지 않으려는 정치적 의도를 포함하여 청의 연호 사용을 부정했다. 더 나아가, 입헌파가 주장하는 공자기년도 부정했던 혁명파는 량치차오도 거론한 바 있는 황제기원을 사용했다.

예를 들어, 혁명파의 영향을 받은 일본 유학생들이 간행한 잡지『강소(江蘇)』는 1903년 6월 창간 제3기부터 간기의 발행년을 "황제기년 4,394년"으로 기재했다. 7월, 혁명파 류스페이(劉師培, 1884~1919)는 상하이 신문『국민일일보(國民日日報)』에 발표한 「황제기년론」이라는 글의 끝부분에 "황제 강생(降生) 4,614년"이라고 썼다. 혁명파 쑹자오런(宋敎仁, 1882~1913)도 자신의 일기를 황제의 즉위년을 기준으로 한 '개국기원(開國紀元)'으로 기록했으며, 쑹자오런이 1905년에 창간했던 잡지『20세기지지나(二十世紀之支那)』에서도 발행년을 "개국기원 4,603년"이라고 썼다.

다만 이상에서 알 수 있는 것처럼, 생년(生年), 몰년(沒年), 즉위
년 중 무엇을 기준으로 삼을 것인가에 대해서는 명확한 공통인
식이 없었고, 전설상의 황제든 고대의 공자든 그 연대를 추정하
는 데에도 많은 어려움이 수반되었다.

한인의 시조·황제붐

　이처럼 당시 혁명파를 중심으로 황제를 한인의 시조로 위치시
켜 칭양(稱揚)하는 일종의 '황제붐'이 일어났다. 예를 들어『강소』
제3기에 게재된 '중국민족의 시조 황제의 상(中國民族始祖皇帝之
像)'이라는 제목의 그림이 인기를 끌었는데 다른 잡지에서도 이
그림을 가져가 차례로 싣게 되면서 널리 알려지게 되었다. 다만
전설상의 인물인 황제가 사실적으로 묘사된 이 그림을 두고 메
이지천황의 도상인 '어진영(御
真影)'을 모방한 것이 아닌가
라는 가능성이 지적되고 있다.
바로 이 지점에서도 청말 추
진된 근대국가 형성의 시도가
일본 모델로부터 강한 영향을
받고 있었음을 엿볼 수 있다.
　이러한 '황제붐'의 또 다른
배경에는 한인이 태곳적에 황

그림 1-5.『강소』제3기에 실린 황제상

제를 따라 서방의 바빌로니아로부터 이주해 왔다고 하는 '서방기원설'의 유행이 있었다. 서방기원설은 프랑스의 동양학자 라쿠페리(Albert Terrien de Lacouperie)가 주장한 것으로 견강부회의 색채가 강한 학설이었지만 일본을 경유하여 청의 지식인들에게 전해져 열렬한 지지를 얻었다. 이것은 뒤에서 설명하겠지만 당시 중국에서 사회진화론적 인종학이 유행하던 와중에, 한인이 서방으로부터 침입하여 중원을 정복했다고 하는 설이 북방에서 침입하여 유럽을 정복했던 게르만인의 경우처럼 한인의 인종적 우월성을 보여주는 사례로 긍정적으로 받아들여졌기 때문이다.(「20세기 초의 중국의 '황제'열」)

그런데 한편으로 이러한 서방기원설에 기반한 주장은 동북으로부터 침입하여 중원을 정복했던 만주인을 비난하는 혁명파의 주장과는 논리적으로 충돌하는 측면이 있었던 것도 부정할 수 없다. 그 때문에 서방기원설의 내용 자체에 대한 회의가 점차 짙어지면서 1900년대 후반 이후에는 수그러들게 되었다.

이 시기에는 황제 이외에도 황하 및 만리장성과 같은 지리적·문화적 요소, 악비(岳飛), 문천상(文天祥), 정성공(鄭成功)으로 대표되는 북방유목민과 경합한 한인 영웅 등이 '중국'을 표상하는 상징으로서 교과서를 포함한 여러 미디어를 통해 자주 거론되었다. 이들 상당수는 오늘날까지 중국의 대표적 상징으로 여겨져 오고 있다.

또한 이 시기에는 광서신정을 추진 중이던 청 정부도 새로운

그림 1-6. 황룡기(『동방잡지』, 1909년 10월)

국민통합의 수단을 모색하고 있었다. 예를 들어 1902년 이후 광
서제(및 서태후)의 탄생일인 '만수절(萬壽節)'에 각지의 거리를 색
지와 등롱(燈籠)으로 꾸미고 일반 시민들의 참가하에 축하행사
를 거행하기도 했다. 그때까지 정부기관에서만 사용 가능했던
청의 국기인 '황룡기(黃龍旗)'(1862년 채용)를 민가에서도 내걸도
록 명하기도 했다. 이러한 시도는 유럽 각국의 군주 탄생일 및 일
본의 천장절(天長節)을 모방하여 황제를 중국의 국민통합의 상
징으로 확립하고자 한 것이었다.

내셔널리즘 운동의 양식과 수법

내셔널리즘에 입각한 주장과 감정을 어필하고 그것을 정치에 반영시키려는 수법이 확립되고 일반화된 것 역시 이 시기이다.

앞에서 설명한 것처럼 이 시기에는 각지에서 관료 및 향신(鄕紳, 지역에서 활동하고 과거 합격자격을 얻은 관료 예비군 및 은퇴관료)이라고 하는 지식인층이 신문, 잡지를 통한 언론활동 및 학회의 조직을 활발하게 추진했다. 그들은 열강에게 빼앗긴 이권의 회수와 불평등조약의 개정을 요구했다. 다만 당시 의화단사건이라는 경험을 통해 체득한, 효과도 없고 열강의 침략을 초래하기까지 한 '야만적' 배외행동이 아니라 합법적인 '문명'적 배외의 방법을 모색하려 했다는 점이 특징적이다.

예를 들어, 그들은 열강이 청국 내에서 얻은 철도부설권과 광산개발권의 회수를 주장하고 열강에 대한 저항 활동을 조직하는 동시에, 정부에 이권의 환매를 요구하고 민간 철도회사를 설립하고 자력에 의한 철도의 부설과 경영을 추진하기도 했다. 이러한 움직임은 각 지방에 있는 재야 지식인층을 중심으로 진행되었는데 청의 지방대관들이 이들을 후원하기도 했다.

1903년에는 의화단사건 이후로도 계속 동삼성(평톈 · 지린 · 헤이룽장)에 군대를 주둔시키고 있던 러시아를 비판하는 '거아운동(拒俄運動, 俄는 러시아를 뜻함)'이 고조되었다. 국내 도시에 더해 일본에 많이 체류하고 있던 중국인 유학생들이 반대집회를 열고

'거아의용대(拒俄義勇隊)'라고 하는 의용군을 결성했다. 상하이에서도 일간지『아사경문(俄事警聞)』이 발행되어 국민과 정부를 향해 러시아에 대한 경계를 호소했다.

1904년 미국이 중국인이민금지법을 10년간 더 연장할 것을 결정하자, 그 다음 해에 화교의 배출지인 광둥성의 상인단체를 중심으로 해당 내용에 차별적 요소가 있음을 지적하며 반미운동이 일어났다. 이때에도 '문명'적 배외의 방법으로 미국제품 불매가 호소되었다. 전신을 통해 광저우, 상하이, 톈진 등 여러 도시의 상계, 학계 간에 정보가 공유되었고, 신문, 잡지, 팸플릿 등의 인쇄물, 열보처(閱報處, 신문을 열람할 수 있는 시설), 통속연강소(通俗演講所, 연설을 하는 시설)를 통한 선전활동도 이뤄졌다. 이 사건은 중국 최초의 전국적 보이콧운동으로 이후 발생한 여러 운동에서의 주요 모델이 되었다.

이 시기에 나타난 집회·조직의 결성, 신문 및 잡지를 통한 선전, 외국제품 불매운동과 같은 양식은 향후 중국사회에 정착되어 내셔널리즘에 기반한 여론이 고조될 때마다 재연되었다.

열사기념과 국치기념

20세기 초에 성립된 내셔널리즘과 관련된 또 하나의 정치문화로서 '열사기념'과 '국치기념'을 들 수 있다. 여기에도 일본과 량치차오가 깊이 연관되어 있다.

앞에서 설명한 것처럼 1898년의 무술변법 실패 후 변법파 일부는 체포되어 처형되었고 일부는 해외로 도망갔다. 머지않아 일본에 망명했던 사람들은 변법운동으로 처형당한 탄스퉁(譚嗣同) 등 6인을 '유신육군자(維新六君子)'라고 부르고 1년 후인 1899년 9월 17일에 요코하마에서 이들을 추모하는 추도행사를 열었다. 이는 중국 최초의 근대적 '기념' 행사였다. 그 자리에서 낭독된 추도문이 『지신보(知新報)』(마카오) 등에 게재되었다.

몇 해 전의 갑오의 역[청일전쟁]으로 일본은 요동을 할양했으나 러시아의 간섭을 받아 힘이 미치지 못하여 요동을 반환했다. 그때 국민들에게 호소하고 크게 기념회를 개최하여 그 치욕을 마음에 새겼기 때문에 러시아인이 지금도 일본을 깔보지 않는다. (…) 원컨대 이러한 발상을 본받아, 금후 매년 이날을 기념의 날로 삼아 동지를 모으고 크게 집회를 개최하여 모두가 국난(國難)을 자기 집의 고난처럼 생각하고 국치(國恥)를 자신의 치욕으로 생각하며 이 고난을 극복하고 수치를 설욕할 방법을 생각해야 하지 않겠는가.(「육군자순난일을 기념일로 삼을 것을 아룀」, 1899년 9월)

이처럼 이 추도모임이 일본의 '기념회' 같은 것을 모델로 삼고 있었음을 알 수 있는데, 구체적으로는 1896년 5월 31일에 니이가타(新潟)에서 열렸던 '요동환부기념회(遼東還附記念會)'를 가리킨다. 이 모임은 당시 대외 강경노선을 주장하면서 대중의 지지를 모으고 있던 진보당의 니이가타 지부가 삼국간섭의 결과에 불복하여 개최했던 것이다. 이 집회를 보도했던 일본의 신문기사가 곧바로 상하이의 신문에 번역되어 게재되었던 사실을 확인할 수 있는데, 즉 앞에 인용한 추도문은 바로 그 기사를 읽고 쓴 것으로 추정된다.

현대 일본어의 어감으로 보면 '기념(記念)'이라고 하는 말은 과거의 긍정적인 이야기를 현창하는 의미가 강하고 '국치기념(國恥記念)'이라는 말도 그리 일반적이지 않다. 그러나 열강의 침략을 우려한 당시 중국의 지식인들이 주목하고 공명했던 일본의 '기념'의 사례는 자국이 타자로부터 강요받은 굴종을 다시 생각하고 설욕을 기대하는 것과 다름없었다. 그런 점에서 중국의 '기념'과 '기념일'이라고 하는 문화가 당초부터 공적 기억의 창조라고 하는 명확한 목적의식하에서 개시되었고, 개개의 국민이 '국치'를 잊지 않고 훗날의 설욕을 도모하기 위한 것이라는 성격을 강하게 담지하고 있었음을 알 수 있다.

이 유신육군자 추도회는 당시 지식인들에게 큰 영향을 주었고 이후 행해진 열사추도의식의 모델이 되었다. 이처럼 중국에서는 근대적 '기념' 자체가 '국치기념'으로 시작되었다라고도 말할 수 있다. '국치' 자체는 『예기(禮記)』 등에서도 볼 수 있는 오래된 명칭이지만, 그것을 '기념'이라고 하는 근대 서양에서 유래한 형식과 조합함으로써 새로운 정치문화가 형성되었던 것이다.

제2타츠마루 사건

1908년에 발생한 제2타츠마루 사건(第二辰丸事件)은 '국치'와 '기념'을 결부짓는 정치문화가 청말 사회에 정착하는 계기가 되었다. 이 사건은 1908년 2월, 청의 관헌이 무기 밀수를 의심하여 일본적(籍) 상선인 제2타츠마루선을 나포하자 일본 정부가 이에 강경하게 항의하고 사죄와 배상을 요구했던 사건이다. 최종적으로 청이 일본 측의 요구를 수용하여 제2타츠마루선을 풀어주자, 사건이 발생했던 마카오에서 가까운 광저우 지역의 상인단체가 반발하여 '국치기념회'를 열었다. 기념회장에서는 대표자의 연설에 더하여, 참가자 전원이 "금일 우리나라는 큰 굴욕을 맛보았다. 4억의 동포는 이것을 기념하여 심골에 새겨 문명으로서 대항하고 부국강병을 도모하며 국위의 발양에 힘쓰고 국치를 설욕할 때까지 결코 멈추지 않을 것이다."라고 선언했다. '4억의 동포'란 중국의 전체 인구를 나타나는 숫자로서 당시 중국에서 흔히 사용되었던 표현이다.

국치기념회는 전 국민이 이 사건을 '국치'로서 기억하고 공유하는 것을 목표로 삼아, 각 도시에서 집회를 개최할 것을 전보로 요청하고 팸플릿을 제작하는 등 선전활동을 벌였다. 또한 '국치기념가'라고 하는 광둥어 속요(俗謠)를 만들어 시가지에 붙이고 일본제품에 대한 불매운동을 호소했다. 그 영향으로 실제로 다른 몇몇 도시에서도 국치기념회가 개최되었다.(『애국주의의 창성』)

이후 '국치기념'이라고 하는 정치문화는 청말 사회에 완전히 정착하게 된다. 예를 들어 상하이의 유명 출판사인 상무인서관 (商務印書館)에서 발행한 『교육잡지(教育雜誌)』는 1910년 음력 정월호 권두에 신식학당 학년력(學年曆)에 관한 논설을 게재했다. 이 글은 아편전쟁으로부터 의화단사건에 이르는 여러 사건들을 포함한 '국치기념일'을 지정하고 해당 기념일에 교내 집회를 열어 연설을 하고 "국민의 애국심을 양성"할 것을 주창했다. 여기에는 청말의 역사를 패전과 불평등조약이라고 하는 '국치'로 가득한 역사로 묘사하고 그 설욕의 맹세를 국민의 결집축으로 삼으려는 의도가 반영되어 있었다.

군국민주의(軍國民主義) - '상무(尚武)'의 주장

청말 지식인들이 일본으로부터 영향을 받았던 또 다른 사례로 언급할 수 있는 것이 '군국민주의'이다.

'군국민'이라는 말은 일본에서 출판된 『무비교육(武備教育)』(저자 불명, 1895년)이라고 하는 서적에서 유래한다. 세이조(成城)학교에서 유학한 후 육군사관학교에 들어간 차이어(蔡鍔, 1882~1916)는 「군국민편(軍國民篇)」을 참고하여, 사회 전체를 군대식 질서에 기초해 조직하고 체육을 진흥시켜 국민의 신체를 강건하게 만들며 독일 및 고대 스파르타를 모델로 하는 국민개병제도(國民皆兵制度)를 실시함으로써 강력한 국가를 건설할 것을 주장했다.

"좋은 철은 정으로 치지 않고, 좋은 남자는 병사로 삼지 않는다"는 속담이나 "마음을 쓰는 자는 남을 다스리고 힘을 쓰는 자는 남에게 다스림을 받는다"와 같은 『맹자』의 가르침에서 짐작할 수 있는 것처럼, 중국왕조에서는 전통적으로 '무'와 육체노동이 경시되었고 '문'으로서의 우아함과 과거 합격 그 자체가 남성성의 가장 중요한 요소로 여겨졌다. 청나라에서도, 특히 건륭제 시기 이후 만주인의 문화적 '한화(漢化)'가 진행되면서 이러한 인식이 매우 지배적이었다. 그런 점에서 남성성을 체현해야 할 사회의 상층이 스스로를 단련시키고 군대에 들어가야 한다는 차이어의 주장은 꽤나 충격적으로 다가왔다.

차이어의 주장은 일본 유학생 사이에서 큰 반향과 지지를 얻어 '상무' 및 '군국민주의'라고 하는 말이 일종의 유행어가 되었다. 앞서 서술한 1903년에 유학생들이 조직한 거아의용군은 후에 '군국민교육회'로 개칭되어 '상무정신의 양성과 애국주의 실행'을 목표로 내걸었다. 참가자는 500명을 넘었는데 당시 유학생 수의 절반에 달했다고도 한다. 유학생들이 발행했던 잡지에도 군사에 관한 논설과 소설의 번역, 일본의 창가(唱歌)를 기초로 한 군가 등이 실렸다. 다음 해에 러일전쟁이 발발하자 관련 지도 등을 한창 게재하고 전투 경과를 상세하게 보도하기도 했다.

군국민교육회 중 가장 급진적인 그룹으로는 후에 혁명파에 참가해 청 정부의 고관 암살활동에 투신한 자도 있었는데, 그 과정에서 자폭하거나 형사(刑死)했던 자들의 경우 '열사'로서 기념의 대상이 되었다. 이렇게 '국가를 위해 죽는' 것을 칭양하는 정치문화 역시 일본을 매개로 형성되고 있었다.

량치차오는 입영하는 병사를 보내는 '전사(戰死)를 빈다'라는 깃발을 보고 일본의 '상무'와 '무사도'에 놀라움을 표시했다.(「전사를 빌다」,「중국혼은 어디에 있는가」, 1899년 12월) 쑹자오런이 러일전쟁에서 전사한 군인을 합사한 야스쿠니신사의 대전(大典)을 보고, "생명을 버려 나라를 지키고 나라에 보답하는 것은 이와 같아야 하지 않겠는가"라고 일기에 썼다(「나의 역사」, 1905년 5월 3일)고 하는 일화는 잘 알려져 있다.(『애국주의의 창성』)

한편으로 이러한 사조는 청 정부에도 반영되었다. 새롭게 반포된 「흠정학당장정」(1902년), 「주정학무강요」(1904년) 및 「교육종지」(1906년)에서는 신식학당에서 '병무체험'을 실시하도록 함으로써 체육의 진흥을 도모했다. 1904년에 완성된 신군제(新軍制) 방안은 국민개병을 원칙으로 세웠고 1908년에 공포된 흠정헌법대강에서도 "신민(臣民)은 법률이 정한 바에 의거하여 납세와 병역의 의무를 갖는다"라고 규정하였다. 이러한 조처들은 마찬가지로 일본을 모델로 삼아 근대적 국민군과 그 전제가 되는 완비된 징병제, 병역에 응하는 사회를 만들어내기 위한 것이었다.(「군대와 사회 사이에서」)

그러나 미리 말해두자면 이러한 군국민주의의 이념이 중국에서 실현되었던 것은 아니었다. 여기에는 몇 가지 이유가 있는데, 가장 큰 원인으로 중국에서는 정치적 혼란 등의 이유로 호적(戶

籍)으로 대표되는 사회 말단에까지 이르는 행정제도를 이 이후에도 좀처럼 정비할 수 없었기 때문이다. 결과적으로 중국은 안정된 형태로 의무교육과 징병제, 전사자의 공적 제사 및 귀족의 원호(援護)제도를 실시할 수 없었다. 무엇보다 과잉인구가 사회문제가 되고 있던 당시 사정에서는 강력한 징병제를 실시하지 않더라도 모병제로 충분했다.

어떤 점에서 징병심사는 일본만의 문제가 아니라 일종의 통과의례로서 해당 국가의 남성성의 양태에도 큰 영향을 준다. 때문에 이러한 군사와 남성성의 문제와 관련해 이후 중국은 서양 및 일본과는 조금 다른 길을 걷게 되었다.

이처럼 러일전쟁 후 10여 년 사이에 향후 중국의 내셔널리즘을 특징짓는 대부분의 구성요소들이 나타났다. 이 시기의 경험이 지금까지 지속되어 중국 내셔널리즘의 성격에 심대한 영향을 미치고 있는 것이다.

'배만(排滿)'의 시비를 둘러싸고
입헌파와 혁명파의 반목

인종론과 사회진화론

청일전쟁 이후의 근대화 시도 가운데 개개의 왕조를 넘어서는 '중국'이라고 하는 네이션에 대한 충성을 호소하는 주장이 생겨났다. 다만 광대한 판도와 다수의 종족집단으로 구성된 청나라 하에서는 '중국' 네이션의 범위에 대해 당초부터 자명한 공통인식이 존재했던 것은 아니었다. 이 문제를 더욱 복잡하게 만든 것이 네이션이라고 하는 개념과 거의 동시에 청에 초래된 'race' 즉 '인종' 개념이다.

근대적 인종 개념은 17세기 말경부터 유럽에서 형성되었다. 그중에서도 독일의 인류학자 요한 블루멘바흐(Johann Friedrich Blumenbach)에 의한 5분류설(五分類說)이 근대 동아시아에 커다란 영향을 미쳤다. 이 학설은 피부색 등을 기준으로 인류를 코카

서스인종(백), 몽골인종(황), 에티오피아인종(흑), 아메리카인종
(적), 말레이인종(갈)으로 분류했는데, 19세기 중반 이후 기독교
선교사의 저작 등을 통해 동아시아에도 전해지게 된다.

청말의 저명한 번역가 옌푸(嚴復, 1854~1921)는 청일전쟁 중 부
국강병을 위한 개혁을 호소하는 글에서 다윈의 진화론과 함께
이 인종 분류를 다음과 같이 소개했다. "생각건대 천하의 대종(大
種)은 네 개가 있는데 황, 백, 갈, 흑이 그것이다. (…) 오늘의 만주
인, 몽골인, 한인은 모두 황인종이다. 말하자면 중국은 태고 이래
처음부터 하나의 종이 군림해왔고 일찍이 다른 종에게 함락당한
적이 없다."(「原强」, 1895년 3월) 여기에서 알 수 있듯이 앞서 서술
한 네 가지 인종에 대해 설명하는 가운데 청의 신민인 만주인, 몽
골인, 한인이 모두 '황인종'으로 분류되고 있고 그것을 '중국'이
고대로부터 계속 이어져온 근거로서 제시하고 있다.

이러한 인종론은 최신 과학으로 수용되었다. 특히 청말 인종
론은 당시에 마찬가지로 과학적 진리로 간주되고 있던 사회진화
론과 결부되면서 수용되었다는 특징이 있다. 사회진화론은 19세
기에 다윈의 생물진화론이 큰 각광을 받으면서 그 영향하에 발
생했는데, 인간사회도 생물과 마찬가지로 진화한다고 하는 사
고방식을 기반으로 했다. 특히 영국의 사회학자 허버트 스펜서
(Herbert Spencer)가 제출한 사회 자체를 하나의 생물처럼 간주하
는 사회유기체설을 근거로, '적자생존', '우승열패'라고 하는 생
물진화의 원리를 인간사회에도 적용시켜 사회끼리의 자유로운

경쟁 그 자체가 진화를 촉발시킨다고 하는 사고방식이 유행하게 된다. 일본에서는 가토 히로유키(加藤弘之)의『인종신설(人種新說)』(1882년)이, 청에서는 옌푸의『천연론(天演論)』(1898년)이 이러한 사회진화론 보급에 영향을 미친 대표적 서적으로 알려져 있다.

랑치차오도 그 영향을 받았던 지식인이다. 량치차오는『청의보』창간호에서 다음과 같이 서술하였다.

우승열패의 공리[보편법칙]에 따르면, 열등한 종의 사람은 반드시 우등한 종에게 병탄되고 착취당한다. (…) 그러나 생명의 시초로 거슬러 올라가면, 다같이 열등한 종이었음에도 불구하고 나중에는 소위 우등한 종만이 여러 열등한 종과 달리 다른 종에게 승리한 까닭은 무엇인가. 여러 종이 서로 합쳐져 종이 개량되었기 때문이다. (…) 지금 만주인과 한인 중에 어느 쪽이 우열한 종이고 어느 쪽이 열등한 종인가는 현자가 아니더라도 안다. 그렇다면 내가 만한(滿漢)의 경계를 없애야 한다고 말하는 것은 한인을 위해 생각하는 것인가. 이것은 만주인을 위해 생각하는 것이나 다름없다. (…) 오늘날 황색인종을 백색인종과 비교하여 과연 우등한가 열등한가 하는 것은 견해 차이가 있다. 그 최후싸움의 승패 여하는 솔직히 예견할 수 없다. 그러나 인종전쟁(種戰)의 승리를 원한다면 반드시 종의 개량으로부터 시작하지 않으면 안 된다.(「변법은 만한의 경계를 없애는 것으로부터 시작됨을 논함」, 1898년 12월, 1899년 1월)

인종론과 사회진화론을 조합하여 세계를 인종간의 경쟁의 장으로 간주하는 이러한 사고방식은 당시 일본에도 보편화되어 있었다. 다만 현재 상황에서 황색인종이 백색인종보다 열등하다는 점을 전제로 하면서도, 백색인종과의 혼혈과 같은 수단이 아니라 황색인종 내의 단결과 노력에 의해 그것을 만회할 수 있다고 생각했던 데 량치차오 주장의 특징이 있다. 또한 황색인종에는 물론 일본 등도 포함되는 셈이지만, "지나(支那)의 인구수는 실로 황인종의 7, 8할을 점한다. 때문에 지나의 존망은 황종의 승패로 연결된다"라는 식으로 황색인종의 문제가 대략 '지나'의 존망의 문제로 다뤄지고 있다. 여기서 량치차오가 제안한 것은 백색인종에 대항하기 위해 한인과 만주인을 하나로 만드는 것인데, 실질적으로는 보다 '우등한 종'인 전자에 의해 '열등한 종'인 후자를 흡수하는 것이다.

이러한 량치차오의 주장이 한인이 만주인보다 우월하다는 것을 전제로 삼고 있다는 점에서 다문화주의의 입장에서 보면 당연히 비판의 대상이 된다. 혹 그렇지 않더라도 이러한 인종주의 자체는 오늘날의 관점에서 보면 과학적 근거를 결여하고 있다. 다만 이와 같은 논의가 당시 구미 및 일본에서는 과학적 진리로서 통용되었고 그것을 청말의 지식인들도 공유하고 있었다는 점에 주목할 필요가 있다. 여기에는 당시 한인 지식인들이 전제로 삼았던 한인과 만주인의 압도적 인구차(량치차오는 한인을 4억으로,

만주인을 500만 정도로 기술하였음)와 전술했던 만주인의 문화적 '한화'라고 하는 사정도 영향을 미쳤다.

일본을 경유한 '민족주의'

서양의 내셔널리즘 개념을 청말 사회에 본격적으로 소개한 이역시 량치차오이다. 『청의보』 창간 3년 후인 1901년에 작성한 량치차오의 논설에는 다음과 같은 언급이 나온다.

> 민족주의는 세계에서 가장 공명정대하고 공평한 주의이다. 다른 민족에게 우리의 자유를 침범당하지 않고 우리 또한 다른 민족의 자유를 침범하지 않는다. 본국에서는 사람(人)의 독립, 세계에서는 나라의 독립을 가능하게 하는 것은 대체로 이 주의에 의한 것이다. (…) 타자가 [민족] 제국주의에 의해 침략해오는 것이 두려운 일이라는 것을 알고 신속하게 우리 고유의 민족주의를 양성하여 그에 저항하는 것이 금일 우리 국민들이 힘써야 하는 바이다.(「국가사상변천이동론」, 1901년 10월)

이 글은 국가사상이 고대의 '가족주의'에서 '민족주의'를 거쳐 '민족제국주의'로 단계적으로 발전하고 있고, 이미 '민족제국주의' 단계로 진화한 서양의 침략에 대항하기 위해 중국에서도 조속히 '민족주의'를 성립시키지 않으면 안 된다는 주장을 담고 있다.

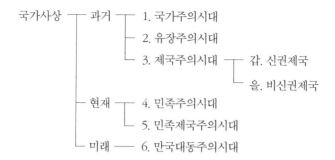

```
국가사상 ┬ 과거 ┬ 1. 국가주의시대
         │      ├ 2. 유장주의시대
         │      └ 3. 제국주의시대 ┬ 갑. 신권제국
         │                          └ 을. 비신권제국
         ├ 현재 ┬ 4. 민족주의시대
         │      └ 5. 민족제국주의시대
         └ 미래 ── 6. 만국대동주의시대
```

그림 1-7. 량치차오에 의한 '국가사상'의 분류(「국가사상변천이동론」)

이 무렵 량치차오는 계몽사상가로서 압도적 영향력을 가지고 있었다. 량치차오의 글을 통해 '자유', '권리', '사회' 등 메이지일본에서 만들어진 대량의 '신한어(新漢語)'가 중국어로 반입되었고 '민족주의' 역시 그중 하나였다.

량치차오가 쓴 많은 글들은 동시대 일본의 서적을 바탕으로 하고 있었다. 이상의 내용도 도쿄전문학교(현 와세다대학) 강사였던 정치학자 다카타 사나에(高田早苗)가 번역한 『19세기 말 정략과 정치(十九世紀末政略と政治)』(1901년)에 기반한 것이었다. 이 책의 원서는 미국 정치학자이자 외교관인 폴 라인쉬(Paul S. Reinsch)의 *World Politics at the End of the Nineteenth Century*(1900년)이다. 이 삼자의 내용을 서로 대조해보면 몇 가지 흥미로운 지점이 눈에 띈다.

첫째, 일본에 망명했던 청말의 지식인 및 유학생 대다수가 일본 번역을 통해 서양의 개념을 수용했다는 점이다. 내셔널리즘의 번역어로서 일본에서 만들어진 '민족주의'라는 말이 그대로 중국어로 도입되게 된 것은 그 전형적 사례이다.

둘째, 중국어의 '민족주의'가 그 출발점부터 '(민족)제국주의'에 대한 대항 수단의 의미를 지니고 있었다는 점이다. 제국주의를 둘러싼 당시 구미 정치학계에서의 논의가 그 배경으로 작동했다.

셋째, 이 시점에 내셔널리즘과 임페리얼리즘의 일본어 번역어로 '민족주의'와 '제국주의'가 정착되어갔는데, 량치차오가 그것을 그대로 계승한 결과 중국어에서도 이 번역어가 거의 대부분 일대일 대응 형식으로 정착했다. 다만 문제는 '민족' 다시 말해 네이션이란 무엇인가라는 물음에 대한 명확한 해답 없이 '민족주의'가 중시되게 되었다는 점이다.

예를 들어 량치차오는 그 이후 작성한 다음 글에서 재차 '민족주의'를 정의하고 있는데, "민족주의란 무엇인가. 각자 같은 종족, 같은 언어, 같은 종교, 같은 습속을 가진 사람들이 서로를 동포처럼 여기고 독립 자치와 완비된 정부의 조직에 힘쓰며 공익을 도모하고 다른 민족을 막는 것이 그것이다."(「신민이 금일 중국 제일의 급선무임을 논함」, 1902년 2월)라거나 "무릇 지구상의 민족은 다섯 개로 대별된다. 근대에 가장 세력을 가진 자는 누구인가? 백색종인이다. 백색민족은 세 가지 중요한 점들이 있다. 근대에 가장 세력을 가진 자는 누구인가? 튜튼인(독일, 영국 등)이 그들이다."(「우승열패의 원리에 의거해 신민의 성과를 증명하고 무엇을 본보기로 삼아야 하는지를 논함」, 1902년 2월)라고 설명했다. 이처럼 '민족', '종

족', '종인(인종)' 등의 개념이 그다지 명확하게 구별되지 않은 채 사용되고 있음을 알 수 있다. 이러한 경향은 애초 량치차오가 참조했던 다카타 사나에의 번역서 등에도 나타난다. 량치차오가 그것을 계승하게 되면서 중국어에서도 '국민', '민족', '인종'과 같은 개념이 서로 혼용되어 이해되게 되었던 것이다.

'민족'이라고 하는 개념이 '인종'과 결부된 결과, 어떤 범위가 '민족'으로서 단결해야 하는가라는 문제가 '과학적'으로 어떤 범위가 동일한 '인종'으로 간주될 수 있는가라는 문제와 서로 관련지어 논의되었다. 이 자체는 중국에 한정된 현상은 아니다. 량치차오가 참조한 당대의 일본 저작이나 그 원전으로서의 구미의 논의에서도 어느 정도 공통적으로 나타나는 특징이다. 하지만 다수의 에스닉집단으로 구성되어 있고 더욱이 최대 인구수를 점한 한인이 아닌 만주족 황제를 두고 있던 청에서는 매우 큰 문제가 초래되었다.

배만 내셔널리즘의 대두

량치차오 등 입헌파는 무술변법 실패 후에도 기본적으로 현행의 청조의 틀을 유지하는 선에서의 근대국가건설을 요청하는 가운데 '만한불분(滿漢不分)'을 주장했다. 이와 달리 만주인의 왕조인 청을 타도하고 공화제를 수립해야 한다고 주장한 자들이 바로 혁명파 지식인들로, 그 대표적 중심인물이 바로 쑨원이다.

쑨원 등 혁명파는 1894년 하와이에서 현지 화교를 모아 흥중회(興中會)를 조직하고 "달로(韃虜)를 구제(驅除)하고 중화를 회복하고 합중정부를 창립할" 것을 주창했다.(달로는 북방 출신 민족집단에 대한 멸칭) 초기 흥중회의 구성원 대다수는 광둥성 출신의 화교로 쑨원 자신도 하와이에서 교육을 받았다.

그림 1-8. 쑨원(1866~1925)

광둥성 출신. 중화민족 성립 후 위안스카이와의 정쟁에서 패하고 반베이징정부 활동에 종사했다. 중국국민당을 조직하고 소련과의 제휴방침을 결정한 후 돤치루이 등과의 교섭에 나섰던 베이징에서 병사했다.(『손중산과 국민혁명』)

이들 혁명파는 화교를 중심으로 점차 세력을 확대해나갔다. 한편, 광서신정하에서 일본으로 간 유학생 수가 증가하면서 도쿄는 혁명선전의 일대 중심지가 되었다. 이때 혁명파의 영향을 받은 유학생들이 많았는데 그 가운데서도 가장 유명한 인물이 바로 쩌우룽(鄒容, 1885~1905)이다. 쩌우룽이 작성한 선전 팸플릿 「혁명군(革命軍)」은 '배만(만주인의 배제)'과 공화제 수립의 필요성을 열렬하게 호소하면서 젊은 지식인들에게 적지 않은 충격을 주었다.

과거의 『우공(禹貢)』[고대 지리서]의 구주(九州), 오늘날의 18

성은 우리 황한민족(皇漢民族)의 적친(嫡親)동포가 태어나 자라고 또 여기에서 국족을 모은 땅이 아니겠는가. 황제(黃帝)의 자손, 신(神)의 말예(末裔)는 우리 황한민족의 적친동포의 명예가 아닌가. 중국화하(中國華夏), 만이융적(蠻夷戎狄)은 우리 황한민족의 적친동포가 인종을 구분하는 대원칙이 아닌가.(「혁명군」, 1903년)

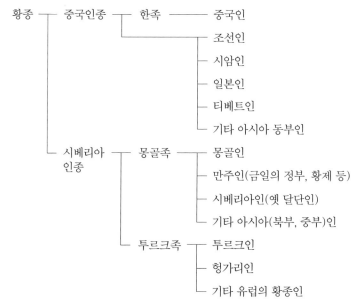

그림 1-9. 쩌우룽에 의한 '황종'의 분류(「혁명군」)

앞서 서술한 옌푸가 만주인, 몽골인, 한인이 함께 '황종'='중국'에 속한다고 하는 공통성을 강조했던 데 대해, 쩌우룽은 한걸음

더 나아가 '황종'을 '중국인종'과 '시베리아인종'으로 대별하고 '한족'='중국인'을 전자로, 몽골인 및 만주인을 후자로 분류했다. 인종이라고 하는 당시의 '과학적' 지식을 몽골인 및 만주인의 비 '중국'성을 드러내는 근거로서 이용했던 것이다.

혁명파 중에서도 가장 과격한 배만론자였던 장빙린(章炳麟, 1869~1936) 역시 1902년에 도쿄에서 '지나망국 242년 기념회'라 고 이름 붙인 집회를 개최하여 한인왕조인 명의 멸망을 '지나'의 멸망으로 보고 만주인의 청은 '지나'가 아니라고 주장했다.

한인과 만주인의 동종성 혹은 '합종(合種)'의 필요성을 주장한 입헌파와 달리, 청의 타도를 주장한 혁명파는 한인과 만주인의 인종적 차이를 강조했다. 바로 이 지점에서 '중국'의 범위를 둘러 싸고 두 가지 대립되는 견해가 서로 충돌하게 되었다.

입헌파의 '대민족주의'

다만 문제는 '중국'이라고 하는 네이션의 인적 범위를 어떻게 설정하는가가 어떤 지리적 범위를 영토로 간주하는가라는 문 제와 밀접하게 연관된다는 점이다. 만약 한인='중국인'으로서 국가를 만든다면 거기에서 배제된 만주인은 어떻게 되는 것인 가? 몽골인, 티베트인, 회민(回民, 투르크족 무슬림)과 기타 많은 비한인 거주지역은 어떻게 되는 것인가? 예컨대, 앞서 언급한 쩌우룽의 「혁명군」은 '중국'의 공간적 범위를 '18성' 즉 청의 성부로 삼고 있음을 알 수 있는데 그렇다면 거기에 포함되지 않는 고지 및 신장, 티베트, 몽골과 같은 번부는 '중국'에서 분리되는 것인가?

이러한 문제가 명확히 인식되지 않았던 것은 청말 혁명파의 상당수가 고지와 번부에서 멀리 떨어진 남방출신의 한인들이었기 때문이다. 그들은 청의 에스닉의 다양성 및 복합적 판도에 대해 지식도 관심도 모두 희박했다. 그러나 입헌파와 혁명파의 논쟁이 깊어지자 한인 지식인들도 이러한 물음에 직면하지 않을 수 없었다.

청의 판도 내의 다양한 에스닉집단과 '중국'이라고 하는 네이션의 관계를 어떻게 설명할 것인가 하는 문제를 가장 빠르게 의식한 이 역시 량치차오였다.

근래 민족주의가 간신히 우리 조국에 수입되어 그에 따라 배만의 이념이 한창 부활하고 있다. 그러나 나는 지금 그것과 관련하여 세 가지 문제가 있다고 생각한다. 한인에게 과연 새롭게 나라를 세울 자격이 있는 것인가? 이것이 내가 의심하지 않을 수 없는 첫 번째 문제이다. (…) 배만은 (그들이) 만인(滿人)이기 때문에 그들을 배제하는 것인가, 악한 정부이기 때문에 그들을 배제하는 것인가? 이것이 내가 의심하지 않을 수 없는 두 번째 문제이다. (…) 반드시 만주민족을 분리하지 않으면 나라를 세우는 것이 불가능한가, 아니면 만주민족 또는 몽·묘·회·장 민족들을 융합해도 나라를 세울 수 있는가? 이것이 내가 의심하지 않을 수 없는 세 번째 문제이다.(「정치학 대가 블룬츨리의 학설」, 1930년 10월)

이처럼 량치차오는 한인 사이에서 고양되고 있던 배만론에 반대했다. 그는 한인으로 국가를 만드는 '소민족주의'가 아니라 청의 신민을 구성하고 있는 만주인 · 몽골인 · 묘 · 회민 · 티베트인 등을 포괄하여 국가를 형성하는 '대민족주의'를 주장했다.

논쟁의 수습

혁명파는 1905년에 도쿄에서 중국동맹회를 결성하고 잡지 『민보(民報)』를 창간했다. 쑨원이 '민족주의', '민권주의', '민생주의'로 이뤄진 '3대주의'(후일의 삼민주의)를 제출했던 『민보』 제1호의 「발간사」에는 '민족'이나 '민족주의'와 같은 단어가 넘쳤다. 같은 호의 권두 논설은 쑨원의 측근인 왕징웨이(汪精衛)가 량치차오에게 반론을 폈던 「민족적

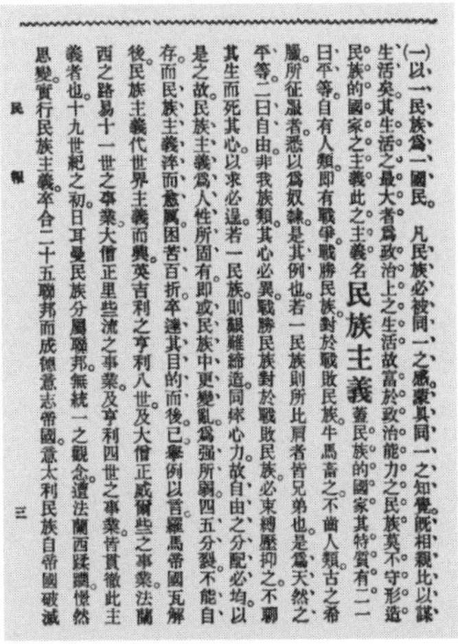
(一)以一民族爲一國民。凡民族必被同一之感。蒙其同一之知覺。旣相親比以謀
生活矣。其生活之最大者爲政治上之生活。故富於政治能力之民族。莫不守形造
民族的國家之主義。此之主義名民族主義。蓄民族的國家其特質有二。一
曰平等。自有人類。即有戰爭。戰勝民族。對於戰敗民族。牛馬畜之。不齒人類。古之希
臘。所征服者。悉以爲奴隸。是其例也。若一民族則所比肩者皆兄弟也。是爲天然之
平等。二曰自由。非我族類。其心必異。戰勝民族對於戰敗民族。必束縛壓抑之。不聊
其生而死其心。以求必逞。若一民族。則艱難締造。同恊心力。故自由之分配必均。以
是之故。民族主義爲人性所固有。即或民族中更變亂。爲強所剖。四五分裂。不能自
存。而民族主義淬而愈厲。困苦百折。卒達其目的而後已。擧例以言。羅馬帝國瓦解
後。民族主義代世界主義而興。英吉利之享利八世。及大僧正威爾些之事業。法蘭
西之路易十一世之事業。大僧正里些流之事業。及享利四世之事業。皆貫徹此主
義者也。十九世紀之初。日耳曼民族分屬聯邦。無統一之觀念。遭法蘭西蹂躪。憬然
思變。實行民族主義。卒合二十五聯邦而成德意志帝國。意大利民族自帝國破滅
民報 三

그림 1-10. 「민족적 국민」(『민보』 제1호)

국민」이었다.

이 글에서 왕징웨이는 '민족주의'를 한 민족으로 한 국가를 형성하는 이념이라고 정의하면서 량치차오를 비판했다. 그는 더 나아가 "국내의 다른 민족은 우리에게 동화된 지 오래인데 어찌 이제 와서 본부[省部]와 속부[藩部]의 구별이 있을 것인가. 지금 민족주의에 의거해 만주에 대항한다면 만주가 오랑캐인 이상 몽고도 그에 따라 감복할 것이므로 동화력으로 그들을 흡수하는 것은 매우 쉽다"고 주장했다.(「민족적 국민」, 1905년 11월) 요컨대 혁명파는 청국 내의 다른 에스닉집단을 '동화'하는 방식으로 현행의 판도를 유지하는 가운데 한인의 단일민족국가를 지향하는 방향으로 입장을 전환했던 것이다.

이 이후에도 입헌파와 혁명파의 대립은 계속되었지만 논쟁 자체는 차차 수습되었다. 쌍방의 주장 모두 네이션의 범위를 먼저 결정하고 나서 그 범위에 따라 국가를 건설하는 것이 아니라, 국가의 범위(이 경우는 기존의 청의 판도)를 전제로 한 채 그 범위에 따라 네이션을 설정한다는 점에서 공통되었기 때문이다.

이것은 비단 중국에만 한정된 현상은 아니다. 네이션이 국가의 성립에 우선하고 객관적으로 존재한다고 하는 발상 자체는 내셔널리즘의 '신화'에 다름 아니다. 다만 광대한 판도와 복잡한 에스닉적 구성을 가지고 있었던 청의 경우 이 문제가 보다 심각하게 인식되었다.

입헌파 양두(楊度, 1875~1931)의 다음 주장은 이상의 논의를 총

괄한 것이었다고 볼 수 있다.

중국은 오늘의 세계에 있어 한, 만, 몽, 회, 장 토지의 일부를 잃을 수 없고 한, 만, 몽, 회, 장 인민의 일종(一種)을 잃을 수 없다. (…) 몽, 회, 장의 교통과 교육이 내지와 동시에 발전하고 만, 한이 섞여 일가가 되고 몽, 회, 장의 땅을 크게 식민(植民)한다면, 인민의 교제가 밀접해지고 종족 감정은 사라지고 혼합도 자연히 용이해질 것이다. 몽, 회가 동화한 후에는 국내에서 만, 한이라고 하는 대립어가 없어지게 될 뿐만 아니라 몽, 회, 장이라고 하는 단어도 없어질 것이다. 다만 수천 년 간에 만종(萬種)을 혼합한 중화민족(中華民族)만이 있게 될 뿐이다.(「금철주의설」, 1907년 1~5월)

이처럼 양두는 기존의 청의 판도를 전제로 그 지역에 거주하는 한족, 만주족, 몽골족, 회족, 장족을 융합시켜 '중화민족'이라고 하는 새로운 네이션을 만들어낼 것을 주장했다. 이 글은 이후 중국에서 주류가 된 민족관을 최초로 명확하게 표명한 사례이다.

혁명파 장빙린은 이러한 양두의 주장에 대해, 어디까지나 '중화', '중국'은 한인을 가리키고 그 역사적 영역은 베트남, 조선, 미얀마에 이르지만 티베트, 회부(回部), 몽골은 포함되지 않는다고 비판했다. 이는 배만이론가인 장빙린이 간신히 다다른 하나의 원리적 사고의 귀결이었다고 볼 수 있다. 그러나 장빙린도 현실적으로는 베트남, 조선, 미얀마를 회수하는 것은 곤란하다고 보았고 티베트, 회부, 몽골에 대해서도 동화정책을 취할 것을 주장했기 때문에 최종적인 결론에서는 결국 양두와 큰 차이가 없었다.(「중화민국해설」, 1907년 7월)

청의 종언 - 청 정부·만주인의 반응과 귀결

이러한 문제의식 자체는 일부 만주인과 청 정부에서도 공유되고 있었다. 예를 들어 일본에 유학하고 있던 우저성(烏澤聲)이라고 하는 만주인 귀족도 량치차오와 양두의 영향을 받아 기인(旗人)유학생들이 창간한 『대동보(大同報)』의 지면에서 '민족'과 '국민'의 개념을 구별하고 복수의 '민족'을 통합하는 '국민주의'의 확립 필요성을 호소하기도 했다.(「만한문제」, 1907년 6월)

청 정부도 광서신정을 추진하는 가운데 1907년 8월에 '만한진역(滿漢畛域)의 폐지'에 관한 상유를 내리고, 청초 이래의 만한 통혼금지의 해제, 관제상의 만결(滿缺)·한결(漢缺)(결은 관리의 직제를 의미함)의 구분 폐지, 기인의 일반민적으로의 편입, 기인과 한인에게 적용되었던 법률의 일원화 등을 실시하는 등 만한 융화를 꾀했다. 이는 만주인, 기인의 특권 폐지를 의미하는 동시에, 그들의 사회생활의 기반을 무너뜨리고 농업 및 상업 종사도 불가했던 기인의 빈궁함을 가속화시키는 조처이기도 했다.(「중화민족론의 계보」)

1909년에 청 정부가 각 성에 자문기관인 자의국(諮議局)을 개설하고 일정한 학력, 재산을 가진 남성에 의한 제한선거를 실시하자, 의원으로 당선된 입헌파의 한인 향신층은 지방 자치와 국회의 조기개설을 요구하기 시작했다. 그런데 이러한 움직임은 수적으로 소수파였던 만주인의 입장에서 한인에게 압도될지 모른다는 위기감을 초래했다. 게다가 그들의 지도자였던 광서제, 서태후도 1908년에 잇달아 사망했다. 만주인 황족과 귀족은 1911년 5월 내각제 신설 때 만주인, 몽골인이 대신의 다수를 점하는 인사를 단행하는 방식으로 그에 대항하려 했다.

이러한 만주인 측의 과잉된 자기방어적 반응은 한인 지식인들이 청을 가망 없는 존재로 포기하게 만드는 계기가 되었다. 특히 청 정부가 민간철도를 일괄 국유화하고 우량노선의 이익을 내륙의 불채산노선 운영으로 돌리고 신규노선의 부설에 외자를 도입한다고 하는 방침을 발표하면서 철도이권회수운동을 주도해온 지방의 한인관료 및 향신들의 급격한 이반을 초래했다. 각지에서 자의국을 중심으로 격렬한 반대운동이 일어났고 쓰촨성에서는 운동에 대한 탄압을 계기로 폭동이 발생했다. 이윽고 우창(武昌)에서 혁명파의 영향을 받은 신군(新軍)이 봉기했고 청을 포기했던 각 성은 잇달아 중앙으로부터의 독립을 선언했다.

혁명파와 입헌파 향신층의 연합하에 독립했던 각 성들은 1912년 1월 난징에서 쑨원을 임시대총통(대통령)으로 선출하고 중화민국임시정부를 조직했다. 청 정부는 입헌군주제의 즉시 전면 채용을 선언하고 위안스카이에게 혁명의 진압을 명했다. 그러나 영국의 조정으로 위안스카이와 임시정부 간에 교섭이 이뤄진 결과, 황실의 신분을 보장하는 청실(淸室)우대조건과 교환하는 방식으로 어린 선통제(宣統帝, 푸이溥儀)가 퇴위하고 위안스카이가 베이징에서 중화민국 제2대 임시대총통에 취임하는 것으로 사태 수습이 이뤄졌다. 이에 청의 통치는 종언을 맞았다.

신해혁명과 민중

입헌파와 혁명파 지식인 간의 논쟁은 주로 입헌군주제인가 공화제인가, 만한불분(不分)인가 배만인가의 문제를 둘러싸고 전개되었다. 그러나 1911년에 일어난 신해혁명은 그에 그치지 않는 여러 논쟁적 요소들을 촉발했다. 이것은 혁명파의 정치선전 수법과 관련된다.

혁명파는 『민보』 및 천톈화의 『경세종(警世鐘)』, 쩌우룽의 「혁명군」 등, 일본에서 출판된 잡지와 팸플릿을 청국으로 몰래 가지고 들어와 배포하고 근대적 민족주의와 공화제의 필요성을 호소했다. 이는 앞서 서술한 것처럼 의화단사건 이래 지식인들이 민중 · 전통 · 감정적 '야만적 배외'에서 지식인 주도 · 근대 지향 · 이성 중시의 '문명적 배외'로 그 방향성을 전환해 왔던 것과 연관된다. 혁명파도 광서신정하에서 청 정부가 조직한 신식학당과 신군에 침투를 시도했고 열보처 및 동향(同鄕)관계 등을 통해 선전작업을 추진하면서 지지자들을 점차 확보해나갔다.

다른 한편으로 혁명파는 지식인뿐 아니라 보다 넓은 민중을 대상으로 한 선전활동도 추진했다. 이는 본래 혁명파가 무장봉기에 즈음하여 '반청복명(反淸復明, 청에 반대하고 명을 부흥시킴)'을 제창한 회당(會堂, 전통적 비밀결사)과 협력관계를 맺고 있던 것에 기인한다. 비식자층인 민중에 대한 선전은 연설, 연극, 이야기 등의 방법을 취했다.

여기에서 중요한 것은 이러한 민중을 향한 선전이 지식인에 대한 그것에 비해 내용이 단순화되는 경향을 띠고 있었다는 점이다. 단적으로 말하면, 민족주의와 공화제라고 하는 서양에서 유래한 개념을 사용하여 혁명의 필요성을 피력하는 것이 아니라, 명말청초에 발생한 만주인의 한인에 대한 잔학행위를 알리는 식의 '복수'라고 하는 지점으로 해당 논의를 수렴시켰던 것이다.(「신해혁명과 혁명선전」) 이를 신해혁명의 '한계'라고 보는 견해도 있지만 오히려 효과 면에서 보면 그 반대라고 할 수 있다. 요컨대, 논의를 '복수'로 단순화하고 이성이 아닌 감정에 호소한 까닭에 혁명파의 선전은 지식인 이외의 민중에까지 일정한 영향을 미칠 수 있었던 것이다.

그에 더하여 청정부가 신정하에서 전통·민중문화에 기반한 의화단과 같은 '야만적 배외'를 부정하고 억압했던 데 반해, 혁명파는 종종 전통적 요소를 효과적으로 활용했다.

청말에는 태평천국의 난(1851~1864)으로 대표되는 사회적 혼란의 와중에 기존 질서와 규범이 붕괴되고 있다고 하는 막연한 불안이 팽배했다. 그 가운데 유행했던 것이 세계는 말겁(末劫, 파국)으로 향하고 있다고 하는 말겁론(종말사상)이었다. 이 말겁론의 영향하에서 하층민중 사이에는 '명왕(明王, 아미타불)출세(出世)', '미륵하생(彌勒下生)'과 같은 구세주 대망신앙이 만연했다. 이 대망신앙은 현세는 악이 지배하는 난세이고 구세주의 강림으로 세계가 정화되고 조화가 회복된다는 주장을 담고 있었다.

각지의 한인들 사이에는 전통적으로 중추(음력 8월 15일)에 봉기가 일어나 '달자(韃子, 북방출신의 종족집단에 대한 멸칭)'를 물리치고 고향을 되찾는다고 하는 '살가달자(殺家韃子)' 전설이 존재했다. 이 전설이 전술한 말겁론과 결부되면서 중추에 말겁이 도래하고 구세주가 강림하여 '달자'를 쫓아내고 세계를 정화시킬 것이라는 신앙이 중국사회에 확산되었다. 혁명파는 이것을 이용하여 중추에 반만봉기가 일어날 거라고 하는 소문을 퍼트렸다.

1910년에는 핼리혜성이 접근하고 그다음 해에는 계기일식이 일어나는 등 흉조로 여겨지는 천문 형상도 잇따라 사회불안이 더욱 고조되었다. 또한 당시 우창 봉기군이 표적으로 백기와 하얀 안장을 몸에 붙였는데 백은 청정(清淨)을 의미했기 때문에 민중들은 이를 구세주의 도래라고 여기고 환영했다.(『후난성근대정치사연구』)

이처럼 혁명파는 전통문화를 활용하여 비록 한정적이었다 할지라도 민중을 혁명에 동원하는 것에 성공했다. 그러나 민중에

대한 선전이 전적으로 배만 감정을 자극하는 방향으로 행해졌던
것은 필연적으로 문제를 발생시켰다. 가령 신해혁명에 즈음하여
한인 민중에 의한 일반 만주인에 대한 습격·살해사건이 각지에
서 일어나기도 했던 것이다.

내셔널리즘의 고양은 많은 경우 폭력행사를 긍정하는 데까지
이어졌다. 정확히 피살자의 규모를 특정하기는 어렵지만 만주인
습격사건도 명확한 그 일례로 이는 청말 중국 내셔널리즘의 부
정적인 면을 잘 보여주는 사례이다.

제2장

모색하는 중화민국

1912~1924

중화민국의 공정 내셔널리즘

중화민국의 성립

신해혁명의 성공은 입헌파 그리고 혁명파에게조차 사실은 예상 밖이었지만, 청조의 통치의 붕괴가 명확해지자 청조를 대신할 새로운 국가를 어떠한 형태로 만들어야 하는가에 관한 구상이 급선무로 대두했다. 우선 문제가 된 것은 역시 새로운 국가를 구성하는 민족과 영토의 범위였다.

1911년 10월 10일, 신해혁명의 발단이 된 우창의 신군의 봉기 이후 각 성에서는 입헌파가 주도하는 자의국과 혁명파의 영향을 받은 신군이 정권을 장악했다. 또한 지식인들 간에는 다양한 단체가 결성되어 새로운 국가를 둘러싸고 활발한 논의가 전개되었다. 우창봉기로부터 불과 1개월 후인 1911년 11월에 베이징에서 조직된 국사공제회(國事共濟會)도 그중 하나이다. 이 단체는 입헌파와 혁명파, 그중에서도 앞장에서 살펴본 것처럼 중국 내셔널리즘의 범위를 둘러싼 논쟁의 당사자였던 양두와 왕징웨이가 공동으로 조직했다. 국사공제회의 「선언서」는 입헌파와 혁명파 각각의 주장을 비교 검토하는 가운데 다음과 같이 결론을 내리고 있다.

[입헌파의 주장에 따르면] 영토란 22성, 몽골, 서장, 회부 등의 번속을 합친 것이다. 만약 한인이 22성으로 일국을 세우고 민주정체로 변경한다면 현재 병력으로는 몽골, 서장까지 진압할 수 없고 몽골, 서장도 일국으로 독립할 힘이 없기 때문에, 만주인의 군주가 퇴위하는 때는 곧 한, 몽, 회, 장이 분열하는 때이다. (…) [혁명파의 주장에 따르면] 근본적 해결 방법은 다만 군주를 민주로 바꾸는 것으로, 만, 한, 몽, 회, 장의 오종(五種)이 모두 평등하게 공화정부 하에 서게 됨으로써 처음으로 완전한 헌정(憲政)을 수립하는 것이다. (…) 이 쟁점은 다름 아닌 군주, 민주의 문제이다. (양두·왕징웨이, 「국사공제회선언서부간장」, 1911년 11월)

요컨대 입헌파와 혁명파의 대립은 그 지향점이 군주제인가 공화제인가에 있었던 것이지 새로운 국가를 구성하는 네이션과 영토의 범주에 관해서는 쌍방 주장 간에는 큰 차이가 없었다. 따라서 군주제의 종언이 명확해지게 되자 사실상 그 대립의 의미가 없어졌다고 할 수 있다.

이렇게 각 성을 진압한 입헌파, 혁명파의 대표에 의해 1912년 1월 1일 난징을 수도로 한 신국가 '중화민국'의 성립이 선포되었다. 이 국명은 앞장에서 다룬 장빙린의 「중화민국해설」에서 제출되었던 것이다.

그런데 중국과 같이 한자를 사용했던 일본은 이주인 히코키치(伊集院彦吉) 공사의 주장에 따라 '중화민국'의 사용을 요구하는 중화민국 측의 요구를 거부하고 굳이 '지나공화국(支那共和國)'이라는 명칭을 공문서상에서 사용할 것을 결정하였다. 이후 일본정부는 1930년에 공문서상에서의 '중화민국' 용어 사용을 각의 결정하긴 했지만 패전 후 중화민국의 요구를 받아들여 중지하기까지 많은 경우 '지나'라는 명칭을 계속 사용했다. 이것은 '지나'라고 하는 용어를 둘러싸고 벌어진 중일 간의 감정적 불화의 원인이 되었다.

임시대총통 쑨원과 오족공화(五族共和)

신국가의 임시대총통으로 선출되었던 이는 급거 해외에서 귀국한 혁명파의 지도자 쑨원이었다. 쑨원은 취임선언을 통해 "한 · 만 · 몽 · 회 · 장의 여러 지역을 합하여 일국으로 삼고, 한 · 만 · 몽 · 회 · 장의 여러 민족을 합하여 1인으로 한다. 이것을 민족의 통일이라고 한다."(「임시대총통선언서」, 1912년 1월)고 밝히고 당시의 입헌파, 혁명파의 논의를 반영하는 형태로 청의 판도와 신민의 계승을 정당화했다.

그런데 이 신국가의 성립과정에서 이하 세 가지의 모순이 나타났다. 하나는 본래는 혁명의 목적의 하나였을 터인 배만 내셔널리즘의 중요성이 급격히 희박해졌다는 것이다. 예를 들어 쑨원은 이 시기에 즈음하여 행했던 연설에서 종종 중화민국의 성립과 청 황제의 퇴위로 자신의 '3대주의' 가운데 "민족주의, 민권주의는 이미 달성되었고, 미착수된 것은 민생주의뿐이다"라고 언급했다.(「난징동맹회 회원 전별회에서의 연설」, 1912년 4월) 과연 "민족주의는 이미 달성되었다"라는 것은 무슨 의미인가?

사실 쑨원은 임시대총통으로서는 '오족'의 협력을 주창하는 한편, 사적인 강연 등지에서는 혁명 전과 마찬가지로 '종족 동화를 실행'함으로써 중화민국을 한인의 단일민족국가로 만들 것을 주장했다.(「중국동맹회총장」, 1912년 3월) "중국은 [남쪽은] 광저우(廣州)에서 북쪽은 만주(滿洲)에 이르기까지, [동쪽은] 상하이에서 서쪽은 국경에 이르기까지 명확히 동일국가와 동일민족이다."(「중화의 철로계획과 민생주의」, 1912년 10월)라고 하는 쑨원의 발언도 결국 남방출신 한인혁명가들이 중국의 에스닉적 복잡성을 제대로 인식하지 못했음을 말해준다.(「중화민족론의 계보」)

다만 쑨원의 「임시대총통선언서」 등에서 파생된 '오족공화'라는 말은 발언자 자신의 의도와 그 내용의 애매함에도 불구하고 중화민국 성립 직후 신국가의 이념을 나타내는 슬로건으로 매우 유행했다. 어쩌면 오히려 그 애매함 때문에 다른 입장을 지닌 사람들이 이 슬로건에 자신의 이상을 투영시키는 동상이몽이 가능하게 되었다고도 할 수 있다.

몽골과 티베트

두 번째 문제는 신국가의 네이션과 영토의 범위에 관한 합의가 한인 내부만에 의한 것이었고 청의 판도에 속해 있던 비한인 거주지역의 의사는 반영되지 않았다는 점이다.

서장에서 서술한 것처럼 청의 판도는 대략 고지·성부라고 하는 직접통치지역과 번부 등의 간접통치지역으로 구성되었다. 그러나 광서신정이 개시되면서 펑톈·지린·헤이룽장성이 정식으로 설치되었고(1907년) 고지에도 한인관료가 파견되었다. 또한 신해혁명으로 좌절되긴 하였으나 1911년에는 티베트 동부(캄)에 시캉성(西康省)을 설치하는 계획도 수립되었다. 이것은 한인의 이주가 진행된 동삼성 및 티베트 동부에 성제(省制)를 도입하고 통치를 강화하려는 의도에 따른 정책이었다.

또한 종래 티베트불교를 유대로 한 느슨한 간접통치를 행했던 티베트와 현지의 왕공(王公)들의 통치를 인정하고 있었던 몽골에 대해서도 '문명'이라는 이름 아래 근대화정책 및 한어교육, 한인 이주 등의 정책을 추진했다. 이러한 조치는 곧 번부의 불만을 야기했다.

신해혁명의 발단이 된 우창봉기는 번부 측에게도 하나의 계기로 작용했다. 우창봉기 발생 2개월 후인 1911년 12월, 할하지방을 중심으로 한 외몽골의 복드 칸 정권이 러시아의 지지를 얻어 청으로부터 독립을 선언했다. 또한 1913년 1월에는 광서신정기에 영국령 인도로 망명했던 달라이 라마 13세가 귀환하였고 다음 달에 티베트와 중국은 별개의 정치주체라고 하는 포고를 발표했다. 몽골과 티베트는 조약을 체결하여 상호 인정했지만, 중화민국 정부는 그들 지역을 자국의 영토로 간주하고 독립을 인정하지 않았다. 이러한 이유로 중화민국과 몽골, 티베트와 이해관계를 지니고 있던 인접국 러시아와 영국 사이에서 그들 지역이 중요한 현안으로 떠올랐다.

중화민국 정부에서 쑨원 등의 구혁명파를 배제하고 베이징에서 정식으로 대총통에 취임한 위안스카이는 1913년 10월부터 1914년 7월에 걸쳐 중국·티베트·영국 3자에 의한 심라(Shimla)회의에 참가했다. 회의의 결과 티베트가 중국의 종주권 하에서 자치권을 가진다고 하는 시믈라협정에 티베트·영국이 조인했다. 그러나 중화민국은 영국이 중국의 티베트에 대한 주권을 명문화하려고 하지 않았을 뿐 아니라 자치의 대상으로서 티베트의 범위에 대해 합의가 되지 않았던 점 등의 사유를 들어 조인을 거부했다.

몽골에 관해서는 1914년 9월부터 1915년 6월에 걸쳐 중국·몽골·러시아 3자에 의한 캬흐타회의가 개최되었다. 이 회의에서 러시아는 몽골이 중국의 영토의 일부임을 인정했는데, 때문에 외몽골이 중국의 종주권 아래에서 자치권을 가진다고 하는 캬흐타 협정에 중국도 조인하게 된다. 내몽골의 왕공 가운데 복드 칸 정권에 합류했던 자와 하지 않았던 자가 존재했는데, 위안스카이는 몽골대우조례에 따라 후자의 왕공들의 기득권익을 인정하는 방식으로 그들을 포섭하고자 했다.

중화민국과 티베트·몽골의 대립은 '오족공화'가 어디까지나 한인 내부의 논의였고 몽골, 티베트 및 신장의 회민 등은 그것에 합의하지 않았음을 반증한다. 여기에 더하여 영국, 러시아와 같은 열강의 개입은 한인에게 "중국 고유의 영토를 분할하려는 제국주의의 음모"로 비춰져 사태를 더 복잡하게 만들었다.

결과적으로는 1920년대에 러시아의 후계국인 소련의 원조를 받은 외몽골이 몽골인민공화국으로 독립했는데, 이로서 외몽골은 청의 판도 내 '중국'으로부터 이탈한 유일한 지역이 되었다. 그런데 몽골인민공화국이 실질적으로는 소련의 위성국이었던 상황은 중국 측에서 보면 자신이 가지고 있던 의심을 뒷받침하는 것이었다. 티베트, 신장 및 내몽골의 민족운동이 현재까지 커다란 국제적 이슈가 되고 있는 것은 바로 이러한 역사적 경위와 관련된다.

'문명'의 칭양

세 번째는 '문명'이라고 하는 과제와 민중감정의 괴리 문제이다.

청말의 광서신정 이래로 유교로 대표되는 전통적 가치관은 상대적으로 쇠락하게 된다. 그러나 그에 상응하는 새로운 가치관은 확립되지 않았고 여기에 혁명의 흥분이 더해져 중국사회에는 도덕, 권위의 진공상태라고 불러야 할 정도의 공백이 발생했다. 이러한 상황에서 '진덕회(進德會)', '사회개량회'와 같은 개인적 수양과 도덕적 계몽을 목적으로 한 조직의 결성이 유행하는 등 지식인들 사이에 새로운 가치관을 확립하려는 여러 노력이 도모되었다. 그리고 지식인들이 중국사회의 새로운 정신적 지주로서 확립하려고 했던 것이 서양과 일본을 모델로 한 근대적 세속종교로서의 내셔널리즘이었고 '문명'이었다.

예를 들어 1912년 1월 1일 중화민국 성립과 동시에 그때까지 중국에서 사용되었던 태음태양력(음력)이 부정되고 서양식의 태양력(양력)이 전면 채용되었다. 또한 황제 일대(一代)마다의 연호가 폐지되고, 청말에 제창되었던 공자기원이나 황제기원이 아닌 1912년을 '중화민국 원년'으로 하는 새로운 기년법이 채용되었다(대만에서는 현재도 사용하고 있음). 이는 당대 지식인들 사이에서 아득한 고대로 거슬러 올라가는 에스닉적 요소보다도 새로운 공화국의 출발이라는 면이 더 중시되었기 때문일 것이다.

이러한 지향은 새로운 국가의 상징을 제정할 때에도 반영되었다. 예를 들어 민중들이 전통적으로 봉기 때마다 사용했던 백기는 곧 버려졌고 쑨원 등이 당시까지 사용해온 청천백일만지홍기(靑天白日滿地紅旗)와 새롭게 제작된 십팔성기(十八星旗)가 혁명

군기(革命軍旗)로 사용되게 되
었다. 중화민국 성립 후 새로
운 국기의 제정 문제가 임시참
의원(입법기관)에서 논의되었는
데, 배만을 부정하는 '오족공
화'를 표상한 오색기(五色旗)
가 최종적으로 중국의 국기로
채용되었다.

그림 2-1. 왼쪽부터 청천백일만지홍기, 오색기, 십팔성기(『중국혁명기』 제8책, 1911)

새로운 국가의 기념일을 지
정하는 경우도 마찬가지였다.
중화민국 정부는 우창봉기 1
년 후 임시참의원의 의결을
거쳐 "우창기의의 날 즉 양력 10월 10일을 국경일로 한다"고 결
정했다. 1912년 10월 10일의 첫 번째 국경일을 맞은 베이징 거
리에는 국기가 내걸렸고 혁명열사의 추도의식에 더해 열병식,
연설, 혁명을 다룬 연극 및 기념품의 전시, 운동회, 제등행렬 등
이 대대적으로 열렸다. 시민 10만여 명이 이들 행사를 참관했다
고 전해진다. 이러한 기념일 행사는 청말의 열사추도의식의 양
식을 계승한 것인 동시에 프랑스 혁명기념일과 미국 독립기념일
을 모델로 삼아, '문명'적 오락을 통해 국민들에게 '공화'와 '상
무'와 같은 가치를 보여주고 계몽하는 역할을 그 목표로 하고
있었다. 이렇게 혁명의 성공이 칭송되는 가운데 청말에 중시되

었던 '국치'를 기념하고 설욕을 도모한다고 하는 기념의 형태는 점차 흐릿해졌다.

또한 제1회 국경일에는 왕조시대에 황제 이외에는 출입이 금지되었던 베이징 남쪽 교외의 천단(天壇)이 처음으로 일반 시민들에게 공개되었다(1918년 1월 1일에 정식으로 공원으로 개방됨). 마찬가지로 왕조의 제사 장소였던 사직단도 1914년 국경일에 '중앙공원'이라는 이름으로 시민들에게 개방되었다(1928년에 쑨원의 호를 기념하는 '중산공원'으로 개칭됨). 이것은 그 통치의 정당성의 근거가 왕조시대의 '천'에서 '국민'으로 변화되었음을 단적으로 보여준다. 이러한 새로운 의식과 상징 제정 과정에서 모델로 삼았던 대상은 일본이 아니라 당시 몇 안 되는 공화제 국가 가운데 대국이었던 프랑스와 미국이었다.

'문명'과 민중의 괴리

이와 같이 중화민국 성립 직후에는 지식인 주도, 서양 지향, 이성 중시를 특징으로 하는 위로부터의 '문명'적 국가건설과 공정 내셔널리즘(『상상의 공동체』)의 보급이 시도되었다. 그런데 이러한 지향은 민중적, 전통적, 감정적 요소를 배제하는 것이기도 했다.

예를 들어 후난성에서는 1911년 10월에 회당을 동원하여 봉기를 일으킨 혁명파 자오다펑(焦達峰)이 도독(都督, 성의 군정장관)이 되었지만 봉기 직후에 암살을 당하고 입헌파 탄옌카이(譚延闓)가

그를 대신해 후임으로 임명되었다. 탄옌카이는 '문명적 혁명'을 표방하면서 질서 혼란을 명분 삼아 회당 해산 명령을 내렸다. 더 나아가, 원래 만주인이 자신의 습속을 한인들에게 강제했던 것이었지만 2백여 년이 넘는 청대에 걸쳐 이미 일반의 습속으로 자리 잡은 변발을 '야만'적이라는 이

그림 2-2. 단발의 강제(1911년, 『중국의 세기』)

유로 없앨 것을 명했다. 양장과 서양식의 예의작법 등도 이때로부터 점차 중국사회에 보급되어갔다.

이러한 조처는 혁명 봉기가 민중의 바람과 세계관에 의해 지탱되어 전개된 것이었음에도, 신정부 성립 후에는 광서신정기 청의 태도와 마찬가지로 그것을 억압하는 쪽으로 방향을 전환했음을 의미한다. 혁명의 결과 민중의 바람과 세계관이 정치에 반영되는 회로가 오히려 '문명'이라는 이름하에 사라지게 되었던 것이다.(『후난성근대정치사연구』) 이것은 천황이라고 하는 존재를 매개로 근대적 제 가치를 교묘하게(또한 선택적으로) '만들어진 전통'으로 편입시킨 메이지일본과의 차이라고도 볼 수 있다.

중화민국의 지식인들은 대체로 전통문화와 민중감정을 내셔널리즘의 구성요소로서 활용하기보다는 그것들을 경계하고 관

리하려고 하는 경향이 강했다. 원래 내셔널리즘이 영향력을 가졌던 것은 논리적인 합리성보다도 사람들의 정서에 호소할 수 있었기 때문이었다. 그러나 근대 중국의 지식인들에게는 민중의 정념에 호소하기보다도 논리적 설득을 통해 국민이 국가를 사랑하게 만들고자 하는 경향이 더 강했다.

예를 들어 매년 국경일이 가까워지면 신문과 잡지상에 국민의 국가의식을 높이고 단결을 호소하는 사설과 독자투고가 반드시 게재되었다. 1922년의 상하이 『신보』에 게재된 다음의 기사는 그 전형적인 사례이다.

지대물박(地大物博)한 우리 중국의 영토는 타인이 소유한 것이 아니라 우리 4억의 국민이 함께 소유한 것입니다. 그러므로 전체 국민은 자신의 나라를 사랑하지 않으면 안 됩니다.

세계 각국은 언문일치가 대부분이나 중국만이 그렇지 않습니다. 언문이 불일치할 뿐만 아니라 말하는 단어 하나도 남쪽은 남쪽대로 다르고 북쪽은 북쪽대로 다른 탓에 친애하는 동포를 마치 타인처럼 대합니다. 그러므로 우리 동포는 모두 국어를 학습하여 전국을 일치시켜야 합니다.

국기는 한 나라를 대표하는 깃발입니다. 예를 들어 우리 중화민국에는 오색국기가 있어 우리 오족공화를 대표하고 있습니다. 그러므로 국민 모두는 국기를 중시하지 않으면 안 되고 국기가 다른 민족에게 더렵혀져서는 안 됩니다.(『國民須知』, 1922년 10월 9일)

신해혁명 때 혁명파는 과격한 배만의 주장과 전통문화를 이용하여 민중의 감정에 호소하는 방식으로 그들을 혁명에 동원할 수 있었다. 그러나 중화민국 성립 후 배만과 전통문화를 부정하고 '오족공화'와 '문명'으로 그 방향을 전환한 지식인들의 공정 내셔널리즘은 민중의 감정과 생활로부터 동떨어진 매우 추상적이고 공허한 것이 되었다. 그런 의미에서 내셔널리즘은 민중에 침투하기 어려웠다. 이처럼 중화민국은 그 성립 시점부터 국민통합의 어려움을 내포하고 있었다.

국어통일문제 - 국음(國音)인가 경음(京音)인가

국민통합에 있어 근대 중국 지식인들이 관심의 대상으로 삼은 또 하나는 앞서 서술한 기사에서도 볼 수 있는 국어의 통일 문제이다. 이러한 국어 내셔널리즘이 지향했던 것은 '균질적 언어공동체로서의 국민'이라고 하는 이념의 실현이었다.

한인으로 한정해도 베이징어, 상하이어, 푸젠어, 광둥어 등 중국의 언어적 편차와 다양성은 익히 알려져 있다. 청대에 과거 수험자는 출신지와 상관없이 한자를 사용한 고전어인 문어와 '관화(官話)'라고 불리는 구어의 습득이 필수적이었고 그것이 지식인 사이에서 일종의 공용어가 되었다. 서민용 소설 등에서는 '백화문(白話文)'이라고 불린, 보다 구어(관화)에 가까운 문어가 사

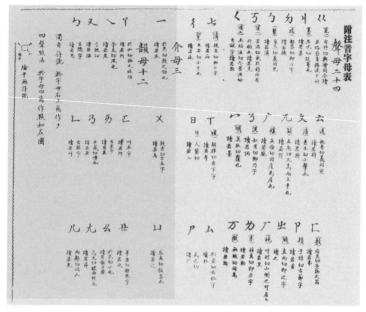

그림 2-3. 주음자모표 (『교육공보』, 1918년 12월)

용되었다. 하지만 지식인이라고 하더라도 가족과 동향의 동배(同輩) 등과는 각자의 출신지 말로 대화하는 것이 보통이었고, 과거(科擧)와 관련이 없던 서민들은 당연히 각 지역의 말을 사용했다.

광서신정에 의해 학교 교육이 개시되면서 국어 통일이 국민통합의 관점에서 매우 중요한 문제로 인식되게 되었다. 1911년 6월, 학부(교육을 담당한 신설 성청省廳)가 소집한 중앙교육회의는 국어통일변법안을 결의하고 "음(音)은 경음을 주로 하고 어(語)는 관화를 주로 한다"고 결정했다. 요컨대 종래의 관화의 어휘와 문법을 기초로 '국어'를 만들고 발음은 경음 즉 베이징식을 기초로 삼는다는 것이었다. 그러나 그해 10월에 신해혁명이 일어난 탓에 당초 계획을 실행에 옮기지는 못했다.

중화민국 성립 후인 1913년 교육부(학부의 후신)는 독음통일회(讀音統一會)를 열었다. 국어통일의 전제로서 대체로 지역마다 크게 다른 한자의 발음을 통일하는 데 그 목적이 있었다. 토론 결과 한자의 표준발음으로서 경음을 기초로 한 '법정국음(法定國音)'의 사용이 결정되었다.

1918년, 교육부는 표준발음을 표현하기 위한 표음기호인 '주음자모(注音字母)'를 공포했다(대만에서는 현재도 사용하고 있음). 다음 해에는 국어통일준비회를 조직하고 각 한자의 표준발음을 표시한 『국음자전(國音字典)』을 편집, 간행했다. 그런데 이 '국음'은 남방 출신의 독음통일회 성원의 요구에 따라 경음에 부분적으로 남방식 발음을 집어넣은 절충적 방식이었기 때문에 사실상 이를 정확하게 발음할 수 있는 자가 아무도 없었다는 점에서 문제를 갖고 있었다. 때문에 순수한 '경음'을 채용해야 한다고 하는 북방출신자로부터 비판을 받았고 국음파와 경음파의 논쟁은 그 이후에도 계속되었다.

식자율을 어떻게 높일 것인가

이 시기에는 문어를 개량하여 국민의 식자율을 높이고 자질을

그림 2-4. 후스(1891~1962)
장쑤성 출신. 콜롬비아대학에서 유학했고 귀국 후 대표적 자유주의 지식인으로서 언론·학술활동에 종사했다. 전후에는 미국을 거쳐 대만으로 갔다.(『상하이도서관장역사원조』)

향상시키자는 주장도 제기되었다. 1917년 1월 미국 유학 중이었던 후스는 상하이에서 출간되고 있던 『신청년』 잡지에 「문학개량추의(文學改良芻議)」를 발표하여 고전어 문어인 문언문(文言文)을 비판하고 보다 구어에 가까운 백화문에 의한 문학을 제창했다. 이것이 근대 중국에 심대한 영향을 미친, 신문화운동의 일익을 담당한 문학혁명의 시작이다.

백화문에 대한 지지가 높아지게 되자 교육부도 1920년에 종래의 '국문'과를 '국어'과로 개칭하고 어체문(語體文, 언문일치체) 교육을 시작했다.

그러나 백화문의 도입에 따라 국민의 식자율을 높이려던 시도 역시 상당한 어려움을 수반했다. 왜냐하면 백화문이란 관화를 문어화했던 것으로 관화와 상관이 없던 서민의 입장에서는 어차피 이해하기 어려웠기 때문이다. 언문일치의 문체를 사람들이 공유하기 위해서는 그 전제로서 '언' 즉 구어를 통일하지 않으면 안되었다. 후스의 주장은 이와 같은 문제의식을 결여하고 있었다.

마찬가지로 신문화운동을 추동했던 언어학자 첸쉬안퉁(錢玄同, 1887~1939)도 『신청년』 지면을 통해 구어와 문어의 차이, 지방마다의 구어의 차이 자체가 문제라는 점을 지적했다. 그는 한어에 기초한 국어통일을 단념하고 에스페란토(esperanto)를 중국의 국어로 도입할 것을 제안했다.(「중국 금후의 문학문제」, 1918년 4월)

이러한 주장은 근대 중국의 국어통일에 관한 논의 가운데서도 가장 과격한 것이었는데 신문화운동을 추진했던 지식인 사이에서조차 반대가 만만치 않았다. 그렇지만 한편으로 한자의 난해함이 중국의 식자율 저조의 원인이라고 하는 첸쉬안퉁의 지적에 대해 일정하게 동의를 표하기도 했다. 예를 들어 『신청년』의 편집장이었던 천두슈는 한자를 폐지하고 중국어를 로마자로 기술하는 절충안을 제기했다. 여기에는 난해하고 자수가 많은 표의문자인 한자보다 자수가 적은 표음문자인 알파벳이 더 진화된 형태일 뿐 아니라 우수하다고 하는 당시 서양언어학의 영향도 존재했다.

지식인 주도의 한계와 그 이후

그러나 이러한 근대 중국 지식인들에 의한 위로부터의 국어통일 및 식자율 향상 노력이 상당한 성과를 거두었다고는 말하기 어렵다. 그 원인 중 하나는 이러한 시도가 일관되게 문어(문언문·

백화문)를 구어보다 수준 높다고 보는 지식인들의 발상에 기반해 있었기 때문이다. 몇 차례의 표음문자 도입 시도가 모두 좌절되고 한자를 대체할 수 없었던 상황은 그것을 잘 보여준다.(「'문백文白'의 저편으로」)

결론을 먼저 말하자면, 이 문제는 중화인민공화국 성립 후 1956년에 시작된 국가의 강력한 주도 하에서의 일원적 '보통화(普通話, '국어'에서 개칭됨)'의 추진과 '한자간화방안(漢字簡化方案)'으로 귀결하게 된다. 학교교육, 라디오와 텔레비전의 보급을 통해 현재는 '보통화'가 대체로 중화인민공화국 전국에서 통용되고 있다. 지금도 여러 지역 언어는 구어로 사적 영역에서 존속하고 있지만 그것이 공적 장소에서 사용되거나 문어로서 사용되거나 하는 일은 거의 없다. 이것을 두고 근대 이래의 중국 지식인의 국어 내셔널리즘의 이념이 100년 이상 걸려 겨우 실현되고 있는 것이라고도 할 수 있을 것인가.

중화민국 성립 후 근대국가 건설을 도모하는 과정에서 대체로 지식인 주도, 이성 중시, 서양화 지향이라고 하는 주된 경향이 나타났다. 그 배경에는 혁명의 '성공'을 축하하고 "민족주의는 이미 달성되었다", "국치는 이미 설욕되었다"라고 보는 매우 낙관적 인식의 확산이 영향을 미쳤다. 그러나 이러한 인식은 오래 지속되기 어려웠다.

그 원인 중 하나는 국내 상황의 변화, 즉 한 차례 합의에 도달했던 위안스카이와 구혁명파의 정치적 대립이 1913년 이래 다시 표면화되면서 그 영향으로 신국가에 대한 무조건적 긍정이라고 하는 사회적 분위기가 사라지게 되었기 때문이었다. 다른 하나는 대외관계에서 다시 '국치'에 대한 사람들의 의식이 급부상하게 된 사건이 발생했기 때문이다. 그 주된 요인으로 등장한 것이 바로 이웃나라인 일본이었다.

21개조 요구와 대일감정

21개조 요구의 충격

1914년 6월 28일 사라예보에서 세르비아인 청년에 의한 오스트리아 황위계승자의 암살사건이 발생하고 1개월 후인 7월 28일에 오스트리아-헝가리가 세르비아에 선전포고한다. 여기에 여러 동맹과 이해관계를 가진 러시아, 독일, 프랑스, 영국 등이 전쟁에 참가하면서 유럽 전역을 뒤덮은 대규모 전쟁이 발발하게 된다. 제1차 세계대전의 서막이다.

같은 해 8월 6일, 각국의 조차지와 주둔군을 떠안고 있던 중화민국은 영토 내에서의 전투발생을 피하기 위해 국외(局外)중립을 선언했다. 그러나 23일 일본이 영일동맹을 근거로 독일에 전쟁을 선포했고 11월경 독일의 자오저우만 조차지(칭다오) 및 산둥철도 전선(全線)을 점령했다. 그리고 1915년 1월 18일, 5항목 22개조로 구성된 요구를 히오키마스(日置益) 베이징 주재 일본 공사를 통해 위안스카이 총통에게 직접 전달한다. 이른바 21개조 요구이다.

이 21개조 요구는 독일이 갖고 있는 산둥 이권을 일본에게 양도할 것, 일본이 러일전쟁에서 얻은 관둥저우(뤼순·다롄)와 남만주철도 등 동삼성 이권의 반환기한을 연장할 것을 주요 내용으로 한 제1~4호, 그리고 중화민국 정부의 일본인 고문 고용, 경찰행정에 대한 일본인의 관여, 일본제 무기 구입, 장강중류역의 철도부설권 등을 요구한 제5호로 이뤄졌는데 그중에서도 특히 제5호는 중국의 주권에 크게 저촉되는 내용을 담고 있었다.

일본 측은 비밀교섭을 요구했지만 위안스카이 정권은 해당 요구조건을 국내외 미디어에 누설하는 방식으로 저항했다. 관련 보도가 전해지자 중국 여론은 강하게 반발했고 화교 및 각 도시의 상인단체, 학생을 중심으로 선전집회, 일본제품 보이콧, '구국저금(救國貯金, 국가의 진흥을 목적으로 하는 모금)'과 같은 여러 형태의 반대운동이 전개되었다. 이러한 다양한 형태의 운동 방식은 청말의 그것을 계승한 것이었는데, 구국저금에 중하층 민중이 동참하는 등 지식인에 국한되지 않는 폭넓은 참여가 나타났다는 점은 그전과 달랐다.

이러한 움직임에 대해 일본 여론의 반응도 강경했다. 당시 일본에서는 정부와 민간 측 모두 영미 편에 서있는 위안스카이에 대한 감정적 혐오가 강했다. 더욱이 21개조 요구 내용을 누설한 위안스카이 정권의 '불성실'이 널리 알려지면서 잘못한 것은 중국이라고 하는 주장이 비등했다. 1913년에 난징의 일본인 거류민이 위안스카이계 부대에 의해 살해당한 사건 등이 일본에서 크게 보도되었던 것도 대중국 감정을 악화시켰다. 그 여파로 오쿠마 시게노부(大隈重信) 수상, 가토 타카아키(加藤高明) 수상의 '연약외교'에 대한 비판이 높아지기도 했다.

쌍방이 서로 양보를 하지 않은 채 교섭은 장기화되었다. 5월 7일, 최종적으로 일본정부가 제5호에 대해서는 후일의 교섭에 맡긴다고 하는 수정안을 48시간 내로 회답할 것을 요구한 최후통모(通謀)와 함께 제출했고, 5월 9일에 중국정부가 이 제안을 수락하는 것으로 교섭은 종결되었다.

1900년의 의화단사건 이후 십수년 간 열강의 중국진출의 기세는 상대적으로 약화되었다. 21개조 요구가 중국사회에 충격으로 다가온 것은 일본이 바로 이러한 소강상태를 깼기 때문이었다. 청말에도 '국치'로 여겨지는 몇몇 사건이 발생했음에도 불구하고 이 이후 '국치기념일'이라고 하면 중국정부가 21개조 요구를 수락했던 바로 이 5월 9일을 가리키게 된 것도 바로 그 때문이다.

대일감정의 전환점

청일전쟁 패배 이후 중국에서는 같은 아시아에 속해 있지만 일찍이 근대화를 추진한 일본에 대한 관심이 급속히 높아졌고 무술변법과 광서신정에 즈음해서는 메이지유신이 좋아야 할 하나의 모델로 여겨졌다. 또한 최성기에는 8,000명 이상으로 추산되는 중국인 유학생과 지식인들이 일본에 체류하여 일본을 통해 서양의 지식을 학습했다.

러일전쟁 때 청은 중립을 선언했지만 동삼성에 군사를 계속 주둔시키고 있던 러시아에 대한 반발로 일본을 지지하는 목소리도 강해, 위안스카이를 포함한 지방대관들이 일본 측에 헌금하는 일도 잇따랐다. 물론 그 후에 일본이 러시아의 재화 이권을 계승한 것에 대한 실망감이나 유학생이 일본에서 모멸당하는 경험을 하

그림 2-5. 『국치통사』 표지(1919년)

면서 품게 된 반발의 감정 등도 생겨났다. 1908년의 제2타츠마루 사건이 '국치'로 여겨진 경위에 대해서는 1장에서 서술한 바 있다. 그러나 상대적으로 청일전쟁 이후 20년간은 중일관계가 안정된 시대였다고 할 수 있다. 21개조 요구는 그러한 중일 간의 오랜 관계를 크게 동요시켰던 것이다.

21개조 요구는 다음 몇 가지 지점에서 중국 내셔널리즘의 방향성을 결정지었다. 첫째, 당초 일본 측의 요구에 저항한 중국 정

부에 호의적이었던 여론이 중국 정부가 결국 일본의 최종 요구를 수락하자 그 '외교적 실패'를 비판하는 방향으로 전환하였다. 특히 실제 교섭에 종사했던 외교차장 차오루린(曹汝霖) 등은 '친일파'로 비난받았는데, 중국에서 '친일파'라는 말이 매우 부정적 의미를 가지게 된 것은 바로 이 시점이다.

둘째, 제1차 세계대전의 영향으로 다른 열강들이 동아시아에 간섭할 여유가 없던 상황에서 일본이 돌출행동을 했고, 그에 따라 일본이 중국의 내셔널리즘 형성에 있어서 'one of them'에서 '주요 적'으로 여겨지게 되었다는 점이다. 이와 같이 21개조 요구는 중국사회의 대일감정을 악화시킨 첫 번째 전환점이 되었다.(『근대국가로의 모색』)

제1차 세계대전과 중국

제1차 세계대전은 일본의 21개조 요구에 그치지 않고 중국의 정치, 경제, 사회에 다양한 영향을 미쳤다. 정치적으로는 1916년 6월 위안스카이 사후 새롭게 정권을 잡은 돤치루이(段祺瑞, 1865~1936)하에서 외교 방침의 전환이 도모되었다.

1917년 4월에 미국이 독일에 선전포고를 하자 중국정부 내에서도 참전의 시비를 둘러싸고 대립이 발생했다. 참전파인 돤치루이가 국내 정쟁을 다스려 중국도 8월에 독일과 오스트리아에 선전포고했다. 중화민국은 톈진 및 한커우(漢口)의 독일, 오스트리아 조계를 접수하여 양국 국민의 영사재판권을 취소하고 양국에 대한 의화단 배상금 지불을 정지했다. 이것은 중국정부가 실용 외교에 따라 청말 이래의 열강의 불평등조약 특권 및 재화 이권의 일부 회수에 성공한 사례라고 할 수 있다. 일본에서는 시게노부 내각을 대체한 데라우치 마사타케(寺內正毅) 내각이 돤치루이 정권에 대한 지지를 표명했다. 돤치루이도 니시하라(西原)차관으로 대표되는 일본의 원조를 받아들여 정권을 공고히 함과 동시에 대일관계 수복을 도모했다.

한편, 1917년 11월, 러시아에서 10월혁명이 일어나 새로운 소비에트정권이 성립하자 1918년에 미국, 영국, 일본, 중국은 연이어 블라디보스토크에 군함을 파견했다. 시베리아 출병의 시작이다. 일본의 마사타케 내각과 돤치루이 정권은 5월에 중일육군공동방적군사협정·중일해군공동방적군사협정을 체결하고 러시아에 대한 공동행동을 약속했다.

그러나 해당 협정이 일본군의 중국 영내 군대주둔을 인정한 데 대해 돤치루이 정권의 '대일 종속'이 지적되면서 비판이 다시 거세지게 된다. 그 여파로 중국인 유학생이 일본에서 대거 귀국하는 등 반일·반돤치루이 여론이 팽배했다. 이것은 정부 주도의 실용주의 외교와 21개조 요구에 의해 높아진 중국사회의 내셔널리즘 감정 간의 괴리가 표면화된 결과였다.

5·4운동과 내셔널리즘

1918년 11월 독일이 휴전협정에 조인함으로써 제1차 세계대전이 종결되었다. 이것은 중국이 청말 이래 처음으로 전승국이 되었음을 의미했다. 각지에서 전승축하대회가 열렸고 '공리전쟁(公理戰爭, 정의는 승리한다)'이라는 말이 유행하기도 했다. 여기에는 대전 중에 행해진 미국 대통령 우드로 윌슨의 14개조 연설이 아시아를 포함하여 '민족자결'을 지지하는 것으로 여겨지면서 중국에서 열광적으로 수용되게 된 맥락이 존재했다.

1919년 1월에 파리강화회의가 시작되자 중화민국도 국내 여론의 기대감을 안고 대표단을 파견하여 21개조 요구의 취소와 청말 이래의 불평등조약 개정을 요구했다. 그러나 중국의 기대와는 달리 열강은 아시아의 현상유지와 기득권익을 상호 승인하는 데 그쳐, 산둥반도의 구 독일이권을 (중국에의 최종적 반환을 전제로 하면서도) 일본에 양도하기로 결정하였다.

기대가 큰 만큼 실망 또한 컸다. 중국 각지에서는 베르사유조약(대독강화조약) 조인 반대운동이 대규모로 일어났다. 5월 4일 베이징에서는 학생들이 천안문 앞에서 공사관 구역까지 시위를 진행했고, 영국, 미국, 프랑스, 이탈리아 공사관에 의견서를 제출했다(당일이 일요일이었기 때문에 미국만이 대응함). 학생들은 즉시 교통총장(交通總長) 차오루린의 가택에 침입하여 불을 지르고 우연히 함께 거주하고 있던 주일공사(駐日公使) 장중샹(章宗祥, 차오루린,

루중위陸宗興와 함께 니시하라차관 교섭에 종사했던 전력으로 '친일파'로 간주됨)에 폭행을 가했다. 이 과정에서 30여 명이 체포되자 학생들은 더 강하게 항의하면서 수업 보이콧을 시작했다.

이 5·4사건에 대해 베이징 대학 교수 량수밍(梁漱溟)은 학생들의 행동에 일정한 이해를 표하면서도, "도리상 구타하고 상해를 가하는 사람은 현행범이므로 어물쩍 넘어갈 수 없다. 가령 차오루린, 장중샹의 죄악이 매우 크더라도 [재판에 의해] 죄명이 성립하지 않는 한은 그들은 여전히 자유를 가지고 있다. 그것이 애국적, 공익적 행위라 할지라도 우리는 그들[의 권리]를 침범하고 그들에게 폭행을 가할 수 없다."(「학생사건을 논함」,

그림 2-6. 량수밍(1893~1988)
광둥성 출신. 향촌건설운동에 몰두하였고, 중일전쟁 중에는 중국민주정단동맹(中國民主政團同盟, 현 중국민주동맹)을 결성했다. 중화인민공화국 성립 후에는 공산당의 농촌정책을 비판하여 박해를 받았다.(『영상·중국 1911~1960 문화사조와 사회운동』)

1919년 5월)라며 운동은 어디까지나 법률이 정한 범위에서 행해야 하고 질서가 중시돼야 한다는 견해를 밝혔다. 앞서 살펴본 이성적인 '문명적 배외'를 대표하는 주장이라 할 수 있을 것이다. 그런데 당시 이러한 의견은 소수였다.

베이징대학의 뤄자룬(羅家倫, 1897~1969)은 "정치도 법률도 신뢰할 수 없는 지금, 중국에 전기(轉機)를 만들고자 한다면 사회제재를 하지 않으면 안 된다."(「'5·4운동'의 정신」, 1919년 5월)라고 주장하며 오히려 학생 측의 행동을 긍정했다. 폭력 행사를 포함한 학생들의 행동은 당시 중국사회의 광범위한 지지를 얻었는데 상하이에서는 상점과 노동자의 파업이 발생하기도 했다. 결과적으로 6월에 정부가 차오루린, 장중샹, 루쭝위를 파면하면서 운동은 점차 수습되어갔다.

5·4운동은 이후 중국근대사의 전개 과정에 많은 영향을 미쳤는데 중국 내셔널리즘에도 몇 가지 특징을 부가했다. 하나는 '친일파'라고 하는 말의 부정적 함의를 결정적으로 만들었다는 점이다. 다른 하나는 정치가 내셔널리즘에 기반한 요구를 실현할 수 없는 경우, 폭력을 포함한 사회의 직접행동으로 그것을 시행하고, 그 행동이 기존의 법률에 반할지라도 정당화될 수 있다고 하는 관념이 확산되었다는 것이다.(「오사운동에서의 폭력과 질서」)

여기에는 그전까지의 '비밀외교'와는 달리 여론이 외교에 반영되는 '국민외교'의 형식이 성립되었다는 점이 주요하게 작용했다. 그러나 그것은 내셔널리즘의 고양에 따라 강경책을 요구하는 여론과, 정부 간의 실용주의적 이해 조정에 종사하는 당국자와의 마찰이 발생할 수 있음을 의미하는 것이기도 했다. 정부는 내셔널리즘을 부채질하여 국민을 자신의 정책에 동원하려 하는 한편, 역으로 그 내셔널리즘으로부터의 압력에 의해 정책적 선택

그림 2-7. 5·4운동(『동방잡지』, 1919년 6월)

지에 제한을 받게 되는 경우도 있었던 것이다.

이 시기 중화민국에서는 정부가 국가건설을 목표로 위로부터 추진하는 문명적·이성적 공정 내셔널리즘과, 국외로부터의 압력에 대한 반발로부터 발생한 폭력과 감정적 요소도 포함한 민간 주도의 내셔널리즘운동과의 갈등이 표면화되었다. 그리고 대일관계가 그 주된 쟁점이 되었다. 1920년대 이후 내셔널리즘에 기반한 사회운동이 격화됨에 따라 이 쟁점도 보다 심각성을 띠었다.

제1차 세계대전 후의 전환
세계주의·국가주의·사회주의

세계주의와 평화주의

제1차 세계대전은 그 이후 세계의 사상사적 전개에 커다란 전기가 되었고 중국 내셔널리즘에도 중요한 영향을 미쳤다. 특히 세계주의·평화주의의 확산 및 서구중심의 국제질서와 문명관에 대한 회의라고 하는 두 지점의 변화에 주목할 필요가 있다.

제1차 세계대전은 유럽을 중심으로 큰 전화(戰禍)를 초래한 전쟁이었기 때문에 승자와 패자를 불문하고 전후에는 국제협조주의와 평화주의에 대한 기대와 지지가 한껏 고양되었다. 최초의 상설 국제기관인 국제연맹의 성립은 그 대표적 성과였다고 볼 수 있다.

19세기 이래의, 경쟁이 진화를 촉진한다고 하는 사회진화론과 '적자생존', '우승열패'의 사상으로부터 큰 영향을 받아온 중국에서도 이러한 경향이 마찬가지로 나타났다. 예를 들어 독일이 휴전에 응한 직후, 베이징대 학장 차이위안페이(蔡元培, 1868~1940)는 이후 세계에서는 독일로 대표되는 '강권론'을 대신하여 '상호부조'에 입각한 '공리'가 실현될 것이라고 하는 큰 기대를 표명하는 가운데 다음과 같이 서술했다.

라마르크와 다윈이 생물진화론을 표명한 이래 두 가지 사상이 발전했다. 하나는 생물의 진화는 전부 경쟁에 의거한다고 하는 주장으로, 약자는 도태되고 살아남는 것은 강자라는 것이다. 때문에 세계에는 강권만이 있을 뿐 공리는 없다. 또 다른 하나는 생물의 진화는 모두 호조(互助)에 의한다고 하는 주장으로, 강하다 할지라도 고립되면 반드시 실패한다는 것이다. (…) 이번 대전에서 독일은 강권론의 대표이고 협상국은 서로 협력하여 독일에 저항했기 때문에 호조론의 대표이다. 독일이 실패하고 협상국이 승리했기 때문에 오늘 이후로는 모든 사람들이 호조론을 믿고 강권론을 배척할 것이다.(「흑암과 광명의 성쇠」, 1918년 11월)

이러한 영향하에 다음 해인 1919년에 교육부 교육조사회는 "유럽전쟁 종료 후 군국민 교육은 세계의 조류에 맞지 않는다"고 보고 "건전한 인격을 양성하고 공화정신을 발전시키"는 방향으로 교육방침을 변경할 것을 제안했다.(『교육잡지』, 1919년 5월)
이러한 논의에 따라 공포된 것이 미국식의 6 · 3 · 3 · 4제 등을 채용한 1922년의 학교계통개혁안(임술학제)이다. 청말 이래 재화 이권이 상대적으로 적었던 미국에 대해 중국이 원래 호의적인 태도를 가지고 있었던 데다가, 21개조 교섭 때 미국이 중국에 동정적이었던 상황, 베이징의 칭화학교(현 칭화대학)를 통한 미국 유학생의 증가 그리고 저명한 철학자 존 듀이의 방중(1919~1921) 등 여러 요인으로 인해 이 시기에는 중국 지식인들의 미국 지향이 한층 더 강화되었다.

국제연맹 참가와 실용주의 외교

앞서 살펴본 것처럼 1919년 5월에는 파리강화회의에 대한 실망으로 인해 5·4운동이 일어났다. 중국은 베르사유조약 조인을 거부했고 차이위안페이도 사건에 대한 책임을 지고 베이징대학 학장직을 사임했다. 그런데 다른 한편으로 중국은 9월의 생제르맹조약(대오스트리아강화조약) 조인에 따라 국제연맹의 원 가맹국이 되는 목적은 달성한다. 이와 관련하여 파리강화회의에 참관 자격으로 참가했던 량치차오는 다음과 같이 서술하고 있다.

만일 스스로 일어서지 못하고 오로지 국제연맹에 기대어 도움만을 바란다면 이는 정말로 헛된 꿈이다. 그렇다고 해서 우리가 국제연맹을 전혀 가치가 없는 것으로 보아서는 안 된다. 스스로의 역량도 확인한 후에 그 발전을 재촉해야 한다. 국제연맹은 부

족하나마 세계주의와 국가주의가 조화되는 첫걸음이다. 국가 상
호간의 관념이 사람들의 마음에 깊이 인식되려면 국가의지가 결
코 절대로 무한해서는 안 되고 외부로부터 많은 제한을 받아야
한다는 것도 알게 되었다.(「구유심영록」, 1920년 3월)

량치차오는 그야말로 국제연맹에 과도하게 기대하는 것도 실
망하는 것도 아닌, 그 가치를 객관적으로 평가하고 이용하여 중
국의 국제사회에서의 지위를 높이는 실용적인 외교를 제안하고
있다. 세계주의와 국가주의 중 어느 쪽인가가 아니라 그 조화를
주장했던 것이다.(「공리와 강권」) 실제로 중국은 1920년 11월에 열
린 제1회 국제연맹총회에서 비상임이사국으로 당선되었고 이후
에도 국제연맹에서의 적극적인 활동을 통해 국제적 지위의 향상
을 꾀했다.

국내에서도 1920년 7월 이래 돤치루이를 위시한 안후이파가
세력을 잃고 차오쿤(曹錕), 우페이푸(吳佩孚) 등 친영미파인 직예
파가 정권을 잡았다. 1921년 1월, 직예파 정권하에서 중일군사협
정이 폐기되고 5월에는 중국과 열강 간 최초의 평등조약인 대독
강화조약이 체결되었다. 나아가 워싱턴회의 이후인 1922년 2월
에는 중국의 주권존중과 기회균등을 규정한 9개국조약, 관세율
개정에 관한 조약, 그리고 일본과의 산둥현안 해결에 관한 조약
이 체결되었다. 이들 조약에 따라 중국정부는 1914년 이래 일본
의 점령하에 놓여 있었던 산둥반도의 구독일이권 회수에 성공하

게 된다. 이것은 량치차오가 주장했던 실용주의 외교가 일정한 성과를 거둔 것이라고 평가할 수 있다.

물론 이상과 같은 성과는 한정적이었다. 계속된 국내 정치의 혼란과 재정난으로 인해 국제연맹의 부담금을 체납하거나 아편 단속 등의 국제적 결정을 국내에서 이행할 수 없었고 프랑스의 조약 비준 거부로 관세특별회의 자체가 개최되지 못하는 등 그 한계도 점차 노정되었다.

대일관계 역시 1923년의 뤼순·다롄 회수운동의 고조(본래는 1923년에 조차 기한이 다해 중국에 반환돼야 했지만 21개조 요구에 의해 연장됨)와 같은 해에 일어난 관동대지진 중의 중국인 노동자 살해사건으로 인해 다시 악화되었다. 다만 1924년 6월에 헌정회(憲政會)의 가토 다카아키(加藤高明) 내각이 성립되고 시데하라 기주로(幣原喜重郎) 외상하에서 대중국 불간섭, 대영미 협조를 취지로 한 이른바 시데하라 외교가 전개되자 21개조 요구 이래의 중일 간의 긴장 상태는 상대적으로 누그러지게 되었다.

문화 내셔널리즘의 발흥

제1차 세계대전이 중국의 사상 지형에 미친 두 번째 영향은 서구 중심의 국제질서와 문명관에 대한 회의이다.

앞서 서술한 대로 중화민국 성립 직후에는 전통적 가치관의 쇠퇴로 인해 도덕과 권위의 진공상태가 발생했고 이것을 사회불안

요인으로 염려하는 지식인이 많았다. 그 가운데 서양과 일본을 모델로 한 내셔널리즘과 '문명'을 정신적 지주로 삼고자 했던 지식인들이 존재했음은 이미 살펴본 바 있다. 다른 한편으로 과거 왕조의 체제교학이었던 유교를 환골탈태하여 새로운 국민통합의 요체로 만들자는 주장도 존재했다.

그 대표적 논자가 캉유웨이이다. 캉유웨이는 기독교를 모델로 삼아 공자를 교주로 위치시키고 유교를 근대적 종교인 '공교'로 바꿀 것을 주장했다. 캉유웨이는 그의 제자들로 하여금 1912년 10월 상하이에서 '공교회'를 조직케 하고 『공교회잡지(孔敎會雜誌)』와 『불인잡지(不忍雜誌)』를 간행하여 자신의 주장을 펼쳤다.

공교회는 기독교를 전범으로 삼은 교회조직을 구축하고 전면적 서양화의 풍조에 의문을 품고 있던 지식인들의 지지를 얻으면서 점차 세력을 확대해나갔다. 그들은 공교를 국교로 할 것, 공립학교에 독경과(讀經課)를 실시할 것을 요구했다. 그런데 왕조시대와 같은 이데올로기로서의 유교 교육과 학교 교과의 하나로 유교경전을 읽는 시간을 설치한다고 하는 것은 당연히 별개이다. 그러한 점에서 이러한 시도는 단순한 복고라기보다는 근대적 관점에서 유교를 재이용하고자 한 것이라고 볼 수 있다.

정부 내에도 이러한 주장을 지지하는 자가 있었는데, 예를 들어 1913년 10월에 발표된 헌법초안에 "국민교육은 공자의 도를 수신(修身)의 대본(大本)으로 한다"라는 문장이 들어갔다. 이 초안이 공포된 적은 없었지만 1914년 동지에 대총통 위안스카이가 천단에서 제천의례를 실시하였고 국민의 각 가정에서도 제단을 설치하여 하늘에 제사를 지낼 것을 명했다. 이 역시 왕조시대의 전통적 이데올로기와 의례를 근대국가에 적합한 형태로 변화시켜 국민통합에 이용하려고 했던 예라고 할 수 있다.

1915년 12월, 위안스카이는 최종적으로 국민대표대회의 추대라고 하는 형식으로 황제즉위를 결정했는데 이 또한 황제라고 하는 과거의 제도를 근대국가에 들어맞는 형태로 전환시키려 한 것이었다. 하지만 이러한 시도는 국내외의 강한 반발을 초래했다. 위안스카이는 1916년 3월 황제즉위 취소를 결정하고 얼마 지나지 않아 병사했다.

그림 2-8. 천두슈(1879~1942)
안후이성 출신. 신문화운동을 주도하였고 차이위안페이에게 초빙되어 베이징대학 문과학장을 맡았다. 이후 중국공산당을 결성하고 초대 총서기가 되었으나 국공합작 붕괴의 책임을 지고 실각했다.(『볼셰비키와 중국혁명, 1919~1927』)

공교 국교화의 주장 및 위안스카이의 제제(帝制)를 격렬하게 비판했던 이들은 천두슈, 후스 등 베이징대학과 『신청년』에 모인 신문화운동 그룹이었다.

그들은 유교로 대표되는 전

통문화 자체를 중국이 뒤처지게 된 원인으로 지목하고 서양문화의 전면적 수입에 의한 근대화를 주장하여 젊은 세대의 학생과 지식인들로부터 지지를 얻었다.

동서문화논쟁

그러나 한편으로 제1차 세계대전이 장기화되고 전선의 비참한 상황이 알려지면서 그때까지 서양을 목표로 삼아온 비유럽지역에서는 서양문명에 대한 의문과 자문화에 대한 재평가 움직임이 점차 확산되었다. 이것은 중국의 경우에도 마찬가지였다.

당시 중국 최대의 종합잡지였던 『동방잡지』의 편집장 두야취안(杜亞泉, 1873~1933)은 다음과 같은 논설을 발표했다.

유럽전쟁이 발생한 이래 서양국가들은 나날이 그 과학이 발명한 이기(利器)에 의해 그 동류(同類)를 참살해왔다. 그 비참하고 격렬한 상태는 우리 역사에서만이 아니라 세계적으로도 지금까지 존재하지 않았다. 우리가 지금까지 선망해온 서양문명에 대해 이미 회의하는 의견이 그치지 않고 있고 우리 국민 가운데 서양문명을 모방하는 자도 도덕적으로나 공적상으로나 우리에게 신뢰받는다고 말할 수 없게 되었다. 그렇다면 우리는 앞으로 무비판적으로 서양문명을 따르는 태도를 바꿔 문명의 진가(眞價)의 소재(所在)를 살피지 않으면 안 된다. 서양문명과 우리나라의 고유의

문명은 성질의 차이가 있을 뿐 정도의 차이는 없다. 우리 고유의 문명은 서양문명의 폐해를 구하고 막다른 길에 있는 서양문명을 구하기에 족하다."(「정적 문명과 동적 문명」, 1916년 10월)

이상의 두야취안과 유사한 의견을 지녔던 지식인들과 서양문화의 철저한 전면적 도입을 주창한 신문화운동 그룹 간에 일어났던 논쟁이 바로 '동서문화논쟁'이다. 동양문화의 재평가를 주장했던 대표적 논자가 앞서 언급한 량수밍이다. 량수밍은 1921년에 출판한 저서『동서문화와 그 철학(東西文化及其哲學)』에서, 자연의 정복을 지향하는 서양문화와 자연과의 조화를 지향하는 중국문화가 근본적으로 다르고, 서양문화는 이제 많은 결함을 노정하고 있기 때문에 서양문화의 추수를 주장하는 신문화운동을 물리치고 중국문화의 부흥을 도모하지 않으면 안 된다고 주장했다. 이러한 식의 호전적인 서양문명과 조화를 중시하는 동양문명이라고 하는 단순하고 통속적인 이항대립적 동서문명론은 동시대 일본 등지에서도 흔히 볼 수 있다. 또한 오늘날 중국에서 자주 사용되는, 중화민족은 '혹애화평(酷愛和平, 평화를 열애한다)'한다는 표현이 일반화된 것도 이 즈음이다.

이에 대해 후스는 "문화는 민족의 생활양식이고 민족의 생활양식은 근본적으로는 대동소이하다. (…) 따라서 대동소이한 문제하에서는 해결방법도 대동소이한 몇 가지 외에는 없다."(「량수밍 선생의『동서문화와 그 철학』을 읽고」, 1923년 3월)라고 반론을 펴고

앞선 서양문명의 도입이 필요하다고 주장했다. 이 논쟁은 결론이 나지 않은 채 이후 십여 년에 걸쳐 계속되었다.(「동서문명논쟁」)

이처럼 제1차 세계대전을 거쳐 서양문명의 보편성을 신뢰하는 입장과 고유문명의 재평가를 통해 새로운 길을 찾으려는 입장 사이에 사상적 분기가 발생했다. 그때까지 당연하게 생각되어온 서양화·근대화를 지향하는 내셔널리즘의 방향성에 대해 전통의 재평가라고 하는 문화 내셔널리즘적 관점이 생겨났던 것이다.

자유연애와 생식관리

유교적 가족제도에 대한 비판과 남녀평등의 주장은 신문화운 동의 또 하나의 중심 의제였다. 유교에서는 부계 혈통의 유지와 선조 제사의 존속이 가장 중시되었기 때문에 여성은 남성에 비 해 상속권 등의 권리가 미약했고 결혼과 이혼 및 남편 사후 재 혼 문제에 있어서도 일반적으로 당사자보다 집안 사정이 우선시 되었다. 『신청년』, 『부녀잡지』와 같은 잡지에서는 이러한 전통적 가족제도에 기초하여 어릴 적 부모가 결혼상대를 정하고 일족이 대가족을 이루어 동거하며 다산(多産)을 하는 것을 좋다고 여겨 온 관념을 비판의 대상으로 삼았다. 개개인의 자유의사에 따른 연애결혼에 기반한 일부일처에, 저출산의 '모범가정'이 이상적인 형태로서 적극적으로 제창되었다.

그런데 이러한 주장은 개개인의 행복이라고 하는 문제와 함께

(혹은 그 이상으로) '구국(救國)'이라고 하는 테마와 결부되었다. 왜 냐하면 이러한 논의를 뒷받침하는 근거 중 하나가 청말 이래 유 입된 우생학적 지식이었기 때문이다. 예를 들어 전통적 가족제 도를 비판함에 있어서도 조혼과 다산이 인종 쇠퇴의 원인이라고 하는 가설이 그 근거로 인용되었다. 같은 문맥에서 인구 억제를 목적으로 한 산아제한이나 신체적, 정신적 결함을 가진 자에 대 한 단종(斷種)의 필요성까지 언급되었다.

이러한 논의의 배경에는 일본을 경유하여 수용된 영국의 우생 학자 프랜시스 골턴(Francis Galton)의 가설과 미국의 산아제한 활 동가 마거릿 생어(Margaret Sanger, 1922년에 방중) 등의 주장이 강 한 영향을 미쳤다. 본래는 사적 영역에 속하는 개개인의 신체와 가정, 젠더를 둘러싼 의제가 공적 장소에서 논의되게 되고, 국가 가 건강, 위생과 생식을 합리적으로 관리함으로써 '종'을 강화시 켜야 한다는 주장이 지지를 얻었던 것이다. 물론 중국 정부의 통 치능력의 부족으로 이러한 주장이 실제 정책으로 채용되거나 실 행되지는 못했다. 그러나 후일의 중화인민공화국의 '계획생육' 즉 한자녀정책(1979년 개시. 2015년에는 두 자녀의 출산을 전면 허가함) 이 이러한 논의의 연장선상에 있었음은 물론이다.(『중국민족주의의 신화』)

근대 중국의 내셔널리즘을 둘러싼 논의의 특징은 정부가 주도 한 것이 아니라 민간의 지식인들이 그 중심이 되었다는 점이다. 다만 이러한 논의가 자유롭게 개진될 수 있었던 것은 중국 정부의 권력이 미치지 않는 조계가 존재했기 때문이었는데, 이를 중국근대사의 아이러니라고 말해도 좋을 것이다.

사회주의에 대한 기대 – 중국공산당의 결성

파리강화회의와 '공리'에 대한 실망은 서양문명에 대한 의구심과 함께 '강권'에 대한 회귀를 야기했다. 이런 움직임의 중심이 된 이들 역시 젊은 지식인들이었다.

앞서 설명한 바와 같이 1918년 5월 중일군사협정에 반대해 일본에서 중국 유학생들이 대거 귀국하는 사건이 발생했다. 이때 귀국한 정치(曾琦, 1892~1951)와 쓰촨성의 동향인 왕광치(王光祈, 1892~1936), 그리고 베이징대학 도서관 주임으로 『신청년』 그룹의 일인이기도 했던 리다자오(李大釗, 1889~1927) 등을 중심으로 1919년 7월 베이징에서 소년중국학회(少年中國學會)가 조직되었다. 이 학회는 "과학정신에 기초하여 사회활동을 하고 소년중국을 창조한다"는 슬로건을 내건 청년지식인 그룹이었다.

대전 중에 협상국에 대한 지원 차원으로 십만여 명의 중국인 노동자가 프랑스에 파견되는 등, 1919년부터 약 23년에 걸쳐 '근공검학(勤工儉學, 일하면서 공부함)'이라고 불린 지식청년들의 프랑스 유학붐이 일어났다. 프랑스로 건너간 중국인 학생들은 최종적으로 1,700여 명에 달했다고 얘기된다. 이 가운데는 소년중국학회 회원도 다수 포함되어 있었는데 1921년 3월에는 소년중국학회 파리분회가 설립되었다.

당시 이들 젊은 중국 지식인들에게 가장 큰 영향을 미쳤던 사상이 사회주의, 특히 마르크스주의였다. 1919년 7월 소비에트러시아(1922년부터 소련)는 제정시대에 가지고 있던 기존의 재화 이권에 대한 포기를 선언했다.(카라한선언. 후에 취소됨) 이 소식이 다음 해에 중국에 전해지자 영미를 중심으로 한 파리강화회의에 실망했던 5·4운동 세대의 급진적 지식청년들 사이에서 소비에트러시아에 대한 기대감이 고양되었다.

1921년 7월,『신청년』그룹의 천두슈, 리다자오 등은 소비에트러시아의 영향 아래 상하이에서 중국공산당을 결성하기에 이른다. 1922년 6월에는 소년중국학회 파리분회의 저우언라이 등도 중국소년공산당을 결성했다. 그로 인해 후스와 같은 영미식의 자유주의를 지지하던 지식인들은『신청년』과 결별했다.

국가주의파의 활동

다른 한편으로 이러한 친소·사회주의 그룹과 대립하는 세력도 나타났다. 이른바 국가주의파가 그 대표적인 그룹이다. 1923년 10월 소년중국학회는 연차대회에서 "민족적 교육을 제창하고 국가를 사랑하고 종족을 지키는 정신을 함양하며 민족성을 상실케 하는 교회교육과 침략에 가까운 문화정책에 반대할" 것을 결의했다.(『소년중국』, 1923년 12월) 이것은 중국 국내의 미국계, 기독교계 학교 입학자 증가에 따른 위기감을 반영한 것이었다.

같은 달, 소년중국학회 파리분회의 위자쥐(余家菊, 1898~1976)와 리황(李璜, 1895~1991)은 공저『국가주의적 교육』을 출간했다. 이들은 대전 후의 중국의 세계주의·평화주의적 교육정책을 비판하고 '민족적 교육'의 필요성을 주장했는데 이것이 교육계를 중심으로 지지를 얻었다.

12월에는 소년중국학회 파리분회의 정치 등이 중국청년당을 결성했다. 중국청년당의 '건당선언'을 보면 "공장노동자는 전국 인구의 4% 정도를 점하는 데 불과하다. (…) 전국의 농, 공, 상, 학 각계가 마찬가지로 군벌의 압박이라는 고통을 받고 있으므로 한 계급의 전정(專政)을 주장하는 것은 타계(他界)의 실망을 가져오는 것이 아닌가"라고 적고 있는데 이들이 반소·반공의 입장을 명확히 하고 있음을 알 수 있다. 정치 등은 마찬가지로 유학생잡지 지면을 통해 파리의 저우언라이 등 중국소년공산당 측과 격렬한 논쟁을 전개했다.

1924년 10월에 귀국한 정치, 리황, 위자쥐 등은 상하이에서 신문『성사(醒獅)』(잠을 자는 사자의 자각을 의미함)를 창간했는데 이 지면을 통해 해당 논쟁이 중국 국내로 이어졌다. 공산당은『신청년』,『중국청년』,『향도(嚮導)』와 같은 당기관지를 통해 청년당과 국가주의파를 격렬하게 비판했다.

그런데 공산당 측에도 약점은 있었다. 그것은 후술하겠지만 중국공산당이 그 성격상 소련이라고 하는 다른 국가의 압도적 영향력하에 있었던 데 따른 것이었다. 특히 소련의 원조하에서 1921년에 몽골혁명이 일어나고 1924년 11월에 몽골인민공화국이 성립되어 중화민국으로부터 독립했던 사건은 국가주의파로부터 '적색제국주의'라는 이름으로 비판받는 빌미가 되었고 국내 여론으로부터도 상당한 반발을 초래했다.

내부대립이 점차 격화된 소년중국학회는 1924년 7월에 활동을 정지했다. 이러한 상황은 앞서 살펴본 소련파와 영미파로 분열된 『신청년』 그룹과 마찬가지로, 지식청년들의 관심이 학문 및 사회로부터 정치로 이행되었음을 잘 보여준다.

다만 중국공산당은 친소, 중국청년당은 반소라는 각각의 입장을 취했지만 이들은 모두 5·4운동 세대에 속하는 지식청년이었고 출신 모체도 같은 소년중국학회였다. 영미를 중심으로 한 대전 후의 국제질서와 세계주의, 평화주의를 기만적이라고 비판했던 점에서도 그들은 공통분모를 가지고 있었다. 현행 국제질서와 법체계 자체에 대한 그들의 강렬한 불신감은 현재의 중국에서도 일정한 연속성을 보인다.

중국 내셔널리즘

제3장

반제국주의의 시대

1925~1945

국민혁명과 중일관계

국공합작과 '민족주의'

쑨원은 신해혁명 후 위안스카이와의 정쟁에서 패하여 베이징의 중화민국정부로부터 배제되었다. 그는 정권 탈취를 목표로 1919년에 중국국민당을 조직하고, 1923년 1월에는 소련과의 제휴 방침을 표명했다. 그해 3월 쑨원은 광저우에 육해군 대원수 대본영을 조직하고 베이징정부에 대항하는 정권의 수립을 도모한다. 이어 소련에서 파견된 고문의 지도하에서 중국국민당의 개조가 진행되었고, 1924년 1월에 열린 국민당 제1차 전국대표대회에서는 '연소용공(聯蘇容共)'을 내걸고 중국공산당원의 개인 입당 형식을 취한 합작을 승인했다.(국공합작)

이 전국대표대회의 선언은 '국민당의 이념'으로 쑨원의 '민족주의', '민권주의', '민생주의'를 내걸고, 그중 '민족주의'의 내용을 "중국민족이 스스로 해방을 구하는 것", "중국 영내의 각 민족이 일률적으로 평등한 것"으로 규정했다. 그리고 국민혁명에 의해 제국주의와 군벌에 반대하고 중국의 주권을 침해하는 불평등조약을 취소하며 농민과 노동자를 해방시킬 것을 정강에 게재했다.(「중국국민당 제1차 전국대표대회선언」, 1924년 1월) 이것은 종래의 쑨원의 주장과 소련식의 사회주의, 반제국주의, 민족자결론을 절충한 것이라고 볼 수 있다.

그런데 쑨원은 같은 시기의 '삼민주의' 강연에서 '민족'을 구성하는 요소로서 혈통, 생활, 언어, 종교, 풍속·습관의 다섯 가지를 거론하는 가운데 다음과 같이 서술했다.

중국 민족의 총 인구수는 4억 명으로 그 가운데 수백만의 몽골인, 백만 여 만주인, 수백만의 티베트인, 그리고 백 몇십만을 넘지 않는 무슬림 돌궐(투르크)인 등이 섞여 있다. 외래에서 온 총 인구는 천만 명에 불과하다. 대다수인 4억의 중국인은 모두 한인이라고 볼 수 있다. 동일한 혈통, 동일한 언어문자, 동일한 종교, 동일한 습속을 지닌 완전히 하나의 민족이다.(「민족주의·제1강」, 1924년 1월)

이처럼 쑨원은 이 시기에도 '중국' 내부의 종족적 다양성과 "중국 영내 각 민족의 일률적 평등"과 같은 문제에 대한 인식과 관심도가 낮았고 한인에 의한 단일민족국가의 형성을 계속 지향하

고 있었다. 이러한 경향은 정도의 차이는 있지만 쑨원의 후계자
들에게도 이어졌다.

5 · 30운동 – 반영운동의 고양

국공 양당은 소련의 원조와 고문단의 지도하에서 점차 세력을
확대해나갔다. 1924년 6월에는 광저우 동쪽 교외에 있는 황푸
(黃埔)에 장제스를 교장으로 한 육군군관학교가 설립되었다. 이
육군군관학교는 소련의 적군(赤軍)을 모델로 삼아 군사훈련과
함께 정치사상교육을 행하는 가운데 국민당과 삼민주의에 대한
충성을 요구했다. 군관학교
학생을 사관으로 삼아 조직된
교도단(敎導團, 단은 군대에 상당
함)은 오늘날의 중국인민해방
군으로 이어지는 '당군(黨軍)'
의 기원이다. 1925년 3월 쑨원
이 사망하자 국민당은 장제스,
왕징웨이 등에 의한 집단지도
체제로 이행했다.

한편, 1925년 5월 16일, 상
하이에 있던 일본계 방적공장
의 노동쟁의에서 일본인 직원

그림 3-1. 장제스(1887~1975)
저장성 출신. 청말에 일본에서 유학하여
군사를 학습했다. 신해혁명 때 귀국하였고
이후에는 쑨원의 지원하에 반정부 활동에
종사했다. 쑨원 사후 국민혁명군총사령에
취임한 후 정적을 물리치고 국민당 지도자
가 되었다.(『장제스와 국민정부』)

의 발포로 중국인 노동자가 사망하는 사건이 발생했다. 뒤이어 5월 30일에는 이에 항의하는 중국공산당, 중화전국총공회(노동조합)에 의한 시위에 영국을 중심으로 한 상하이조계경찰이 발포하여 십여 명이 사망하기에 이른다. 이들 사건에 대해 노동자뿐 아니라 상공업자 및 학생들도 격렬하게 반발하면서 상하이와 영국령 홍콩에서 대규모의 외국제품 보이콧과 시위가 전개되었다.(5 · 30운동)

그림 3-2. 5 · 30운동(『중국공산당70년도집』)

이 5 · 30운동의 영향은 전국으로 파급되어 반제국주의, 불평등조약 폐지를 내건 내셔널리즘운동이 전례가 없을 정도로 고양되었다. 신문, 잡지에는 영국과의 경제관계 단절을 넘어 즉시개전까지 요구하는 목소리가 비등했다. 후스 등이 발행하고 있던

중국 내셔널리즘

잡지『현대평론』(베이징)에 게재된 다음의 논설은 그 전형이라 할
수 있다.

나는 대일 경제절교는 일종의 보복이고 일본에 대한 징벌적 수
단이라고 믿는다. 다만 만약 일본이 근본적으로 자각한다면 우리
의 수단도 그에 따라 완화되어도 괜찮다. 그러나 대영 경제절교
에 있어서 그 의미는 보복과 징벌에 그치지 않는다. 그것은 중국
이 존속할 수 있느냐 없느냐를 가르는 열쇠이다. 우리가 중국의
외교사를 펼쳐 읽어본다면 소위 제국주의, 소위 불평등조약 중
어느 하나라도 1842년의 관세조약[아편전쟁으로 체결된 난징조약]
에 부수하여 발생하지 않은 것이 있는가?(탕유런, 「대영경제절교」,
1925년 6월)

이 시기에 고양된 중국 내셔널리즘은 영국을 첫 번째 주적으로
삼았다. 여기에는 청말 발생한 아편전쟁 이래로 중국이 계속 외
세에 침략 당해왔다고 하는 역사관도 동원되었다.

'문명적 배외'의 한계

한편으로 이러한 내셔널리즘운동이 가열되고 있었던 데 반해,
보다 온건한, 요컨대 광서신정 이래의 '문명적 배외'를 주장하
는 입장 역시 존재했다. 가령 량치차오는 자신이 발행하고 있던

『신보(晨報)』(베이징) 지면에서 "영국 이외의 외국인은 당연히 우리의 적은 아니다", "우리는 절대로 상하이 이외의 어떤 다른 도시를 진지(陣地)로 삼아서는 안 된다"고 언급하면서 운동의 대상을 영국과 상하이로 한정하고 운동의 목표를 명확히 하며 점진적으로 이권을 회수할 것을 주장했다.(「우리는 상하이 참살사건에 어떻게 대처해야 하는가?」, 1925년 6월)

그러나 젊은 지식인과 학생들은 이러한 량치차오의 주장에 강하게 반발하여 잡지 지면을 통해 다음과 같이 반론을 폈다. "우리들은 법률적 해결을 통해 근본적이고 주요한 정치문제를 말살하는 것에 반대한다. (…) 외국인이 중국의 영토에서 점하고 있는 특권적 지위가 이번 상하이사건을 야기한 근본 원인이다. 이 특권적 지위가 타파되지 않는다면 같은 사건이 계속 일어날 것임은 자명하다."(「베이징대학 교직원 동인의 상하이사건의 성격에 관한 변증」, 1925년 6월) 점진적인 국제적 지위의 향상을 도모하는 데는 한계가 있고 강경한 수단에 의해 제국주의 자체를 타도하지 않는다면 근본적인 문제를 해결할 수 없다는 주장이다. 이들 주장의 배경에는 당시 유효한 타개책을 제시하지 못하고 있던 중국 정부에 대한 불만이 고조되었던 사정이 존재했다.

더 나아가 이 5·30운동을 둘러싸고 전개된 논의 가운데 그때까지의 중국 내셔널리즘의 성격 자체에 대한 원리적 비판도 제기되었다. 중국공산당이 발행한 『열혈일보(熱血日報)』(상하이)상의 다음의 주장이 대표적이다.

이번 학살에서 희생을 당한 이들은 군중이고 이번 반제국주의
운동을 지도하고 있는 것 역시 군중 자신으로, 군중의 의지만이
운동의 행방을 결정할 수 있다. 지식계급 자신은 운동에서 큰 역
할을 담당하지 않는다. 지식계급은 군중의 이익을 이해하고 운동
에 참여함으로서 처음으로 역할을 발휘하게 되는 것이다."(수옌,
「지식계급의 불량분자」, 1925년 6월)

요컨대, 문명적이고 이성적인 저항을 말하던 지식인을 비판하
면서 지식인이 대중의 행동에 참여해야 할 필요성이 있다고 하는
주장을 담고 있다. 대중운동에 대한 이러한 사고방식이 점차 확
산된 것은 광서신정 이래의 지식인 주도, 이성 중시의 '문명적 배
외'라고 하는 중국 내셔널리즘의 성격에 변화를 가져왔다.

북벌 – 국민혁명과 혁명선전

1925년 7월, 광저우의 육해군 대원수 대본영이 국민정부(왕징
웨이 주석)로 개조되고 8월에 국민혁명군이 조직되었다. 1926년 7
월에 장제스가 국민혁명군 총사령에 취임하여 베이징정부 타도
와 국가통일을 목표로 한 북벌 즉 국민혁명군에 의한 국가통일
전쟁의 개시를 선언했다.
북벌은 순조롭게 진행되었는데 그 원인 중 하나로 국민혁명군

그림 3-3. 왕징웨이(1883~1944)

광둥성 출신. 일본 유학 중 중국동맹회에
가입하여 쑨원의 측근이 되었다. 쑨원 사
후 장제스와 함께 국민당 지도자의 일인이
되었지만 중일전쟁이 시작되자 평화를 주
장하면서 대일협력정권을 조직했다.(『영
상·중국 1911~1960 국공분합』)

과 공산당이 교묘한 선전공작
을 통해 민중을 동원하고 조
직했던 점을 들 수 있다. 예를
들어 북벌이 개시되자 국민혁
명군의 각 사단은 북벌의 슬
로건을 인쇄한 대자보와 전단
지, 쑨원의 초상화, 쑨원의 유
촉(유서) 각 수만 장, 그리고
당기인 청천일기와 삼민주의
에 관해 설명하는 팸플릿 등
을 대량 휴대하여 가는 곳마
다 선전에 활용했다. 국민혁명
군 점령지에서는 국기로 사용
되던 오색기가 폐지되고 청천

백일만지홍기(靑天白日滿地紅旗)가 새로이 내걸렸다.(*The Making
of the Republican Citizen*)

　국민혁명군의 도달로 인해 발생한 혼란으로 시장이 불황을 맞
아 침체된 가운데서도 청천백일기를 제작하기 위한 천만이 활발
히 거래됐다고 하는 농담 같은 보도까지 있었다.(『신보』, 1927년 3
월 23일) 국민혁명군의 선전물이 상업 이용의 대상이 될 정도로
유행했던 상황을 엿볼 수 있다.

　또한 다음의 '국민혁명가'가 국민혁명군의 선전 작업에서 중요

한 역할을 했다.

　열강을 타도하고 열강을 타도하고, 군벌을 없애고 군벌을 없애
고, 국민혁명에 진력하고 국민혁명에 진력하고, 함께 분투하고 함
께 분투하자.

　이 국민혁명가의 작사가에 대해서는 여러 설이 분분하지만 그
곡조는 프랑스 민요 '프레르 자크(Frère Jacques)'이다. 이 곡은 주
로 군대행진곡으로 사용되었는데 경쾌하고 익히기 쉬운 멜로디
와 명쾌한 가사 때문에 국민혁명군이 가는 곳마다 일반에도 잘
알려지게 되었다. 특히 여럿이 합창하는 경험이 없었던 서민들에
게 국민혁명가는 획기적이었다. 이 노래를 통해 타도해야 할 대
상으로서의 '열강'과 '군벌'이라고 하는 단어가 지식인을 넘어 서
민에까지 보편화되었던 점도 중요한 지점이다.
　또 하나, 국민혁명군의 선전정책의 특징으로 기념일을 매우 중
시했던 점을 꼽을 수 있다. 예를 들어 1927년에 우한의 중앙군사
정치학교가 작성한 『혁명사상의 중요기념일』이라고 하는 책자
는 국민당과 관련된 여러 기념일과 그 유래 등을 정리했는데 거
기에는 연간 25차례의 기념일이 열거되어 있다. 이들 기념일에는
각지에서 당과 군에 의해 기념집회와 관련 의식이 개최되었고 중
요한 민중동원의 기회로 활용되었다.
　분류 명칭에서도 짐작할 수 있지만 국민당이 기념의 대상으로

지정한 날에는 몇 가지 특징이 존재했다. 가장 중요한 특징은 청말 이래 열강으로부터 받은 치욕을 다시 생각하는 '국치기념', 비명에 죽은 당의 선인들을 추도하는 '선열기념', 5·4운동 이래의 민중운동과 그 탄압에 관한 '민중운동기념', '제국주의참살기념', '군벌참살기념' 등 과거의 오점으로 남은 사건에 관한 기념이 큰 부분을 차지하고 있었다는 것이다. 여기에서도 청말 이래의 강제된 치욕을 강조함으로써 민중의 내셔널리즘 감정을 자극하고 데모와 집회 참가를 독려하는 방법이 강구되었다.

국민당은 위안스카이 이래의 베이징정부를 일종의 일탈로 규정하고 베이징정부를 비판하거나 무시하는 방식으로 자신을 신해혁명과 그 지도자인 쑨원의 정통한 후계자로 자리매김하면서 그 통치를 정당화하고자 했다. 국민당이 제정한 기념일의 또 다른 특징으로 '총리기념' 즉 쑨원의 개인적 사적에 관한 것이 다수 포함되었던 것은 바로 그 때문이다. 이 점에 관해서는 쑨원에 대한 개인숭배 문제와 관련하여 후술한다.

그림 3-4. 『혁명사상의 중요 기념일』(1927년)

일자	명칭	분류	기념 대상이 된 사건
1/1	난징정부성립기념	국경기념	1912년의 중화민국 성립
2/7	2·7기념	군벌참살기념	1923년의 우페이푸의 파업 탄압
3/8	3·8기념	국제기념	국제여성의 날
3/12	총리절세기념	총리기념	1925년의 쑨원 서거
3/18	3·18기념	군벌참살기념	1926년의 돤치루이의 데모 탄압
3/29	황화강72열사기념	선열기념	1911년의 황화강봉기 실패
5/1	5·1기념	국제기념	메이데이
5/4	5·4기념	민중운동기념	1919년의 5·4운동
5/5	5·5기념	국경기념	1921년의 '정식정부' 성립
5/7	5·7기념	국치기념	1915년의 21개조 요구 최후통첩
5/9	5·9기념	국치기념	1915년의 21개조 요구 수락
5/18	진영사(陳英士) 선생기념	선열기념	1916년의 천치메이(陳其美) 암살
5/30	5·30기념	제국주의참살기념	1925년의 5·30사건
6/3	6·3기념	민중운동기념	1919년의 학생운동탄압
6/16	총리몽난(蒙難)기념	총리기념	1922년의 천중밍의 쿠데타
6/23	6·23기념	제국주의참살기념	1925년의 영국병사의 데모에 대한 발포
7/1	국민정부성립기념	국경기념	1925년의 국민정부성립
7/15	북벌기념	국경기념	1926년 7월 14일의 출사선언
8/20	랴오중카이선생기념	선열기념	1925년의 암살
9/5	9·5기념	제국주의참살기념	1926년의 영국함정의 쓰촨성 완현(萬縣) 포격
9월 첫 번째 일요일	소년국제기념	국제기념	국제청년의 날
9/7	9·7기념	국치기념	1901년의 베이징의정서 조인
9/21	주즈씬(朱執信)선생 기념	선열기념	1920년의 암살
10/10	쌍십절기념	국경기념	1911년의 우창봉기
11/12	총리탄생기념	총리기념	1866년의 쑨원 탄생

우한국민정부의 혁명외교와 국공분열

1926년 10월, 국민혁명군은 장강 중유역의 대도시 우한을 점령하였고 국민정부도 1927년 1월에 우한으로 이전한다. 우한국민정부에서는 국민당좌파와 공산당이 요직을 점했는데 이들은 군권을 장악하여 권위를 높이고 있었던 장제스를 견제하고자 했다. 한편, 우한국민정부는 '혁명외교'를 내걸고 한커우(漢口)·주장(九江)의 영국조계를 실력으로 접수했다. 여기에 더해 상하이에서도 공산당의 무장봉기 시도가 빌미가 되어 영국을 중심으로 한 열강으로부터 강한 반발을 초래하게 된다. 1927년 3월에는 국민혁명군이 난징을 점령하면서 영사관, 교회와 외국인에 대한 습격사건이 발생했고 그에 대한 복수로 영국, 미국의 포함이 난징시내를 포격, 사죄를 요구하고 최후통첩을 하는 사건이 발생했다.

당시 국민정부는 베이징정부의 외교정책을 비판하고 열강에 대해 강경책을 취하면서 민중의 내셔널리즘 감정을 자기편으로 끌어들이고 있었다. 그러나 그것이 혁명외교와 배외적 여론의 과격화에 따른 열강과의 대립을 초래하게 되었던 것이다.

일본은 시데하라 외교하에서 영미의 난징 포격에 가담하지 않고 국민당 내에서도 온건파로 지목된 장제스에게 공산당과의 합작 해소(解消)를 권고했다. 1927년 4월 장제스는 상하이에서 쿠데타를 일으키고 국민당좌파와 공산당계 조직을 무력 탄압했다.

그리고 난징에서 독자적으로 국민정부를 조직하고 우한국민정부(일시적으로 하야했던 왕징웨이가 주석에 취임)과의 전면 대립에 이르게 된다.

그 배경에는 민중운동의 과격화에 대한 자본가, 상공업자층의 두려움과 영·미·일 등 열강의 경계 및 반발이 존재했다. 때문에 그들 사이에서 장제스에 대한 기대가 높아지게 되었다. 다른 한편으로 우한국민정부 통치하에서 노동운동, 농민운동의 급진화에 따른 재정 파탄과 사회질서 혼란이 점차 심각해져 내부 붕괴의 조짐이 나타나고 있었다.

그리하여 1927년 7월에는 우한국민정부도 공산당원의 직무정지를 결정하게 된다. 국민혁명군 중 공산당계 부대(1928년 이래 '중국공농홍군中國工農紅軍'을 자칭함)는 각지에서 국민정부에 대해 무장봉기를 일으키고자 했으나 실패에 그쳤다. 마오쩌둥 등이 이끌고 있던 잔존부대는 장시(江西)·후난성 경계의 산악지대로 피신하여 그곳에 근거지를 만드는 것으로 방침을 전환했다.

장제스는 공산당을 지원하는 소련과 단교하는 한편, 배외행동을 단속하는 방법으로 영미와의 관계개선을 도모했다. 국민정부가 혁명외교의 깃발을 내렸던 것은 아니었지만 실질적으로는 베이징정부 시기의 실용주의 외교로 부분적으로 회귀한 것이라 볼 수 있다. 영미도 이에 응했다. 그러나 그것은 급진화된 중국사회의 내셔널리즘 감정과 대외교섭의 조율이라고 하는 새로운 과제를 부여했다.

이상에서 살펴본 것처럼 5·30운동부터 북벌기에 걸친 중국 내셔널리즘은 21개조 요구 반대운동과 5·4운동과 같은 1910년 대의 내셔널리즘운동과는 규모와 성격 면에서 큰 차이를 보였다. 그 주요 특징으로 중국공산당이 주도한 대중·노동자의 조직화 및 동원을 들 수 있다. 또한 도시를 중심으로 내셔널리즘에 기반한 운동이 지식인 차원을 넘어 확대되었다. 혁명외교에 의해 실제적으로 조계회수와 같은 일정한 이권회수라는 성과가 있었다는 사실도 중요하다. 그러나 한편으로 정권을 담당한 정치지도자와 지식인들은 열강과의 실용적 교섭과 이해조정도 필요하다고 보았는데, 그 지점에서 그들은 민중의 내셔널리즘 감정의 고양과의 사이에서 이중압박을 받게 되었다.

지난사건 - 대일감정의 두 번째 전환점

장제스는 우한국민정부의 분공(分共) 결정 후인 1927년 8월 사태 수습을 위해 일시적으로 하야하고 그 사이에 일본을 방문했다. 방일의 주된 목적은 새 수상인 다나카 기이로(相田中義一, 입헌정우회立憲正友會, 외상外相도 겸임)와의 회담을 통해 일본정부에 북벌에 대한 지지를 요청하는 것이었다. 그러나 그 후 다나카 내각의 대중국 정책은 장제스의 기대를 크게 배반하는 것이었다.

1927년 6월, 베이징에서는 동삼성을 기반으로 한 군사지도자 장쭤린(張作霖, 1875~1928)이 관동군(일본의 남만주철도 및 뤼순·다

그림 3-5. 지난사건(마이니치신문사)

렌 수비대)의 원조를 얻어 정권을 장악, 육해군 대원수에 취임하고 중화민국 군정부를 조직했다. 1928년 1월, 장제스가 국민혁명군 총사령에 복직하고 4월에 북벌이 재개되었다. 이러한 움직임에 대해 다나카 내각은 일본인 거류민 보호를 명목으로 제2차 산둥 출병을 감행했다. 일본이 이권을 가지고 있던 동삼성에 북벌의 영향이 미치는 것을 막기 위한 조치였다. 그러나 전년의 제1차 산둥출병이 마찬가지 목적을 띠었으면서도 영국, 미국과 보조를 맞췄던 것과 달리 2차 출병은 일본 단독으로 행해졌다. 더욱이 5월 3일 일본군은 산둥성의 성도 지난에서 국민혁명군과 군사충돌을 일으키고 지난과 산둥철도 연선을 점령하기에 이르렀다. 일본군이 지난 시가지를 포격하고 다수의 사상자가 나오자 중국에서는 격렬한 반일운동이 일어났다.

이 지난사건(齊南事件)은 당시 중국 여론에 큰 영향을 미쳤다.

하나는 중국 내셔널리즘에 있어서의 주요 적이 5·30운동 이래의 영국에서 일본으로 바뀌었던 것, 두 번째는 장제스와 중국사회의 대일감정을 결정적으로 악화시켰다는 점, 세 번째는 영국, 미국이 국민정부와의 관계를 개선하고 지난사건을 두고 일본에 비판적 태도를 취했던 것이다. 이런 이유로 지난사건은 21개조 요구에 이어 중일관계에 있어 두 번째 전환점이 된다. 이제 일본이 중국의 국가통일과 이권회수에 있어 최대 장애를 초래하는 대상이 되었던 것이다.

북벌의 완료와 동삼성 역치(易幟)

국민혁명군은 지난을 우회하여 북벌을 계속하여 1928년 6월에는 베이징, 톈진을 점령하고 전국의 통일을 선언했다. 이때 베이징에서 본거지인 펑톈으로 철수하는 장쭤린의 열차를 관동군이 폭파, 살해하는 사건이 발생했다. 이른바 장쭤린폭살사건이다. 이 사건은 관동군이 점차 독자노선을 강화하고 있었던 장쭤린을 대체하는 정권의 수립을 기도하기 위한 것이었다.

1928년 7월 국민정부는 잇따라 불평등조약 철폐 추진 방침을 선포했다. 일본은 이에 반발했지만, 미국은 신관세협정에 조인하고 중국의 관세자주권을 승인했다. 이것은 국민정부를 정식 중화민국정부로 승인하고 안정된 관계 수립을 도모한 것으로서 다른 주요 열강들도 이를 모방했다.

그림 3-6. 청천백일만지홍기가 내걸린 베이징 시가(1928년 6월, 아사히 신문사)

그러나 국민정부와 일본의 교섭은 난항을 겪었다. 지난사건의 사후 처리와 보호관세 적용품목을 둘러싼 대립으로 인해 중일 간의 신관세협정은 1930년 5월이 되어서야 체결되었다. 이러한 상황은 국민정부의 영미에의 접근과 대일 감정의 악화를 더욱 초래했고 그 결과, 대중국 외교에서 일본은 고립을 심화시켰다.

1928년 12월에는 장쭤린의 아들 장쉐량(張學良, 1901~2001)이 일본의 개입을 무릅쓰고 동삼성에 청천백일만지홍기를 내걸고 국민정부에의 합류를 선언했다.(역치) 아버지를 관동군에 의해 잃은 젊은 장쉐량은 강렬한 내셔널리즘 의식을 품고 국민정부의 국가통일과 이권회수 주장에도 동감하고 있었다. 1929년 7월에 는 소련이 보유한 중동철도의 회수를 강행했는데, 그 결과 같은 해에 소련군이 동삼성을 침공하여 장쉐량 측이 패배하는 사건(봉소전쟁奉蘇戰爭)이 발생하기도 했다.(『혁명과 내셔널리즘』)

중일 마찰의 확대 - 다나카 상주문 문제

내셔널리즘의 고양을 배경으로 국가통일 및 이권회수를 추진하던 국민정부와 일본의 이해관계가 충돌하면서 그 이후에도 마찰이 계속됐다. 이 시기의 중일관계를 잘 보여주는 사건이 이른바 '다나카 상주문' 문제였다.

다나카 상주문이란 1927년 6~7월에 도쿄에서 열린 동방회의(수상과 외무·대장大藏·육해군관계부국이 열었던 대중국 방침 책정을 위한 회의) 이후 다나카 수상이 쇼와천황에게 상주한 문서이다. 이 문서는 일본의 중국침략 계획을 정리한 것으로 이 가운데 "지나를 정복하고자 한다면 먼저 만몽을 정벌하지 않으면 안 된다. 세계를 정복하고자 한다면 반드시 먼저 지나를 정복해야 한다. (⋯) 이는 메이지 대제(明治大帝)의 유책(遺策)으로, 또한 우리 일본제국의 존립상 필요한 일인 것이다."(日華俱樂部譯編,『지나인이 본 일본의 만몽정책』, 1930년) 같은 서술이 특히 잘 알려져 있다. 1929년 여름 무렵부터 상주문의 중국어 번역본이 장쉐량 통치하에 있던 랴오닝성의 신문 등을 기점으로 중국 각지에 유포되었다.

이 문서에는 부속서간(附屬書簡)의 수신인이 상주를 관할하는 내대신(內大臣)이 아니라 궁내대신(宮內大臣)이라고 적혀 있고,

실제 동방회의에서 진행한 논의와 형식, 내용면에서 모두 어긋나는 오류가 존재하며, 일본어 원문도 발견되지 않았다는 점에서 일본 측은 초기부터 이를 위서로 단정지었다. 때문에 외무성이 국민정부에 항의 및 단속 요청을 했고 중국 측도 한차례 그것에 합의했다.

그러나 그 직후인 1931년 9월에 만주사변이 일어나면서 일본 외교당국이 다나카 상주문의 내용을 부정하는 것이 사실상 곤란해져버렸다. 그 후 이 문서는 일본의 중국침략의 계획성을 보여주는 증거가 되었고 중국과 미국의 국내·국외용 선전자료로서 반복적으로 언급되었다. 지금도 중국에서는 현재 남아 있는 다나카 상주문 자체는 위조지만 그 저본이 된 원문이 틀림없이 존재한다고 보는 견해가 여전히 뿌리 깊다.(『일중역사인식』)

1929년 7월 입헌민정당의 하마구라 오사치(浜口雄幸) 내각이 성립되자 시데하라 기주로(幣原喜重郎)가 외상으로 복귀하여 협조외교를 추진하고자 했다. 그러나 그 후에도 중일관계를 악화시키는 사건이 잇따랐다.

첫 번째 사건은 만철 병행선 문제였다. 장쉐량은 1929년에 동북교통위원회를 조직하고 동삼성의 철도건설 추진을 도모했는데 이것은 일본의 남만주철도와 이해가 충돌하는 것이었다. 이에 일본 측이 항의를 하면서 1931년 1월부터 양자 간 교섭이 시작되었다.

두 번째는 완바오산사건(萬寶山事件)이다. 1931년 7월 지린성 완바오산에서 조선 이주농민이 개간을 위해 수로를 개착하는 과정 중 현지 중국인 농민과 충돌이 발생했다. 충돌 자체는 크지 않았지만 사상자가 나왔다고 하는 오보가 전해지면서 평양, 경성(현 서울), 인천 등지에서 조선인 군중에 의한 화교습격사건이 발생했다. 그 여파로 중국 각지에서 일본제품 보이콧 운동 등이 돌연 일어났다.

세 번째는 나카무라 대위 살해사건이다. 1931년 6월 참모본부의 부원 나카무라 신타로(中村震太郎) 대위 등이 대소련 작전을 위한 지리 조사 중에 랴오닝성에서 장쉐량계 부대에 의해 살해당한 사건이 발생한다. 그 책임의 소재를 둘러싸고 일본이 중국에 항의하면서 이 사건은 외교 문제로 비화되었다.

국가통일을 추진하고 있던 중국의 내셔널리즘과 이권회수운동의 고양, 그리고 동삼성의 이권을 유지하고자 한 일본과의 충돌이라는 구도가 이들 사건의 배경으로 존재했다. 나아가 사건의 평화적 해결을 모색하면서도 성과를 거두지 못했던 시데하라 외교에 대해 일본의 군부와 여론이 불만을 품으면서 만주사변이라는 국면으로 이어지게 되었다.

중국 내셔널리즘

만주사변과 국민정부

만주사변

1931년 9월 18일 관동군은 봉천 교외에 있는 류타오후(柳條湖)에서 남만주철도 노선을 폭파하고 그것을 중국 측의 공격이라 주장하면서 단독 군사행동을 일으킨다. 국민정부는 일본과의 전면전을 피하기 위해 부저항방침을 채택하고 장쉐량군도 동삼성에서 철수했다. 그로 인해 일본군은 동삼성 대부분의 전역을 점령할 수 있었다. 다음 해 1월에는 상하이에서도 중국군과 일본 해군육전대의 충돌로 인한 대규모의 시가전이 발생했다.(제1차 상하이사변) 한편, 1932년 3월, 관동군은 청의 마지막 황제 푸이(溥儀, 1906~1967)를 집정(執政)으로 옹립하고 만주국의 건국을 선언했다.(1934년에는 푸이가 황제에 즉위하고 국명도 만주제국으로 변경)

장제스는 '안내양외(安內攘外, 먼저 국내를 안정시킨 다음 대외적 위기에 대처함)' 정책을 취하고 무력 대항이 아닌 국제연맹 제소 등 국제사회에의 호소를 통해 사태를 해결한다는 입장을 견지했다. 장제스의 이러한 대응은 일본의 행동을 저지할 수는 없었지만 중국의 내셔널리즘에 대한 영미의 경계심을 완화시키고 동정을 얻어내는 효과를 발생시켰다. 그러나 다른 한편으로, 중국 여론은 일본의 무력 침략과 국민정부의 부저항방침에 대해 격렬하게 반발했고 각지에서 공전의 규모로 일본제품 보이콧운동이 전개되었다.

만주사변은 얄궂게도 국민당의 당내 대립을 수습하는 결과를 낳았다. 우한·난징국민정부의 합류 후에도 국민당 내에서는 장제스와 반장제스파의 대립이 계속되었고 1930년 5월에는 중원대전(中原大戰)이라고 불리는 대규모의 내전이 발발했다. 장쉐량의 참전으로 장제스 측이 승리를 거두었지만 다음 해인 1931년 5월 왕징웨이 등이 다시 반장제스파를 규합하여 광저우에서 새로운 국민정부의 수립을 선언하는 등 양자 간의 대립은 수습될 조짐이 없었다. 이처럼 반장파 및 공산당 잔존세력과의 내전이 계속되고 있는 상황은 장제스가 '안내양외' 정책을 취한 요인으로 작용했다. 그러나 대외적 위기감의 고조에 따라 광저우파도 난징국민정부로의 합류에 합의하면서 장왕합작정권이 성립하게 된다. 그 후 중국의 국내정치는 상대적으로 안정화되기 시작했다.

선전정책의 전환 - 민중 내셔널리즘의 억제

장제스는 만주사변 이후에도 국민정부하에서의 근대국가건설을 추진했는데, 이전과 마찬가지로 국민의 '국가관념'을 높이고 통합을 도모하는 여러 정책이 동원되었다. 그러나 기존 정권을 타도하는 측에서 정권을 유지하는 측으로의 입장 전환과 국제환경의 변동 속에서 선전정책에 있어서도 북벌 시기와는 다른 지점들이 발생했다.

예를 들어 국민정부가 선전정책에서 기념일을 중시하는 경향은 변하지 않았지만 그 내용에는 상당한 변화가 노정되었다. 국민정부에게 5월은 지난사건, 5·4운동, 21개조 요구와 같은 기념일이 연속되는, 민중동원에 있어 매우 중요한 시기였다. 그러나 1929년 5월을 앞두고 장제스는 각 기관에 "5·3, 5·4, 5·9의 세 기념일은 모두 국치기념일이지만 (…) 기념의 태도에 있어서는 울부짖거나 소란을 피워서도 안 되고 침통하고 엄숙해야 한다. (…) 가장 주의해야 할 것은 기념 전후에 시위행진을 하여 우리의 적개심을 폭발시키고 적을 경계시켜서는 안 된다는 것이다."(『국민정부공보』, 1929년 5월 3일)라는 내용의 통지를 보냈다.

이것은 국민정부가 혁명외교에서 실용주의외교로의 부분적 전환에 따라 공식적으로 열강을 비판하는 방식을 피해야 했기 때문이다. 과격한 배외운동에 대해서도 일본정부로부터의 항의를 어느 정도 배려하는 등 일정한 억제가 필요해졌다.

만주사변이 발생하자 '9·18'을 공식기념일로 지정하자는 의견이 국민당 내에서 반복적으로 제기되었으나 장제스는 이를 채용하지 않았다. 1932년의 만주사변 1주년에 즈음해서도 각지의 당부에서는 군·경찰과 함께 엄중 경계태세로 질서유지를 맡을 것, 민간집회 등도 소규모로 제한하여 허가하고 일본과의 충돌을 최대한 회피할 것을 명하였다.(「중국국민당 제4계 중앙집행위원회 제36차 상무회의기록」, 1932년 9월 1일) 이 국면에서도 국내 내셔널리즘의 지지를 통치 정당화의 근거로 삼으면서도 '배외'에 대한 타국으로부터의 비판에 대응하지 않으면 안 되었던 국민정부의 난처한 상황이 잘 드러난다.

2장에서 살펴보았듯이 베이징정부 시기의 국경일에는 연극, 운동회와 같은 오락을 통해 '공화'와 '상무'의 가치를 국민에게 선전하는 기능이 유지되었다. 이와 달리 난징국민정부 시기의 기념일은 기본적으로 엄숙한 추도의식과 혁명사 강연을 행하는 등 휴가와 오락으로서의 측면은 희박했다.

본래 국민혁명기의 국치기념일은 군벌과 제국주의에 의한 굴욕을 강조하고 그에 대한 분노의 감정을 환기함으로써 학생과 사회단체를 동원하고자 하였다. 그런데 일과 수업을 이탈하는 시위와 집회는 어떤 의미에서 비일상적 행위라 할 수 있고 따라서 그것은 휴가이기도 축제이기도 했다.

그러나 정권을 타도하는 측에서 유지하는 측으로 입장이 바뀐 국민당에게 이러한 축제는 민중의 불만과 결부되어 사회질서와

체제를 붕괴시키는 힘으로 전화될 지도 모르는 위험한 것으로 인식되었다. 국민당의 선전정책의 전환에는 바로 이러한 사정이 존재했던 것이다.

국민당의 정당국가체제

쑨원은 혁명 직후의 '군정(軍政)'에서 국민당이 국민의 정권을 대행하면서 국민을 훈련시키는 '훈정(訓政)'의 시기를 거쳐 장래에는 국민에게 정권을 돌려주는 '헌정(憲政)'에 이르는 '삼서(三序)' 구상을 가지고 있었다. 이러한 쑨원의 구상은 그 후계자들에 의해서도 준수되어야 하는 것이었다.

1928년 10월에 훈정강령이 발표되고 훈정의 개시가 선언되었다. 훈정기에는 당이 국가를 지도하는 정당국가체제가 채용되어 국정선거 등 국민의 정치적 권리는 제한을 받았다. 국민당의 당기인 청천백일기를 기초로 한 청천백일만지홍기를 국기로 채택한 것을 비롯하여 1929년에는 쑨원 생전의 훈사(訓辭)를 가사로 만든 '중국국민당 당가(黨歌)'가 새롭게 작성되어 다음 해에 "국가 제정 이전에는 당가로 대용"할 것을 정식으로 결정하였다.

이에 따라 국가의 상징과 당의 상징, 국가에 대한 충성과 당에 대한 충성의 일원화가 시도되었다. 1926년 이래 국민정부하에서는 체제 이데올로기인 삼민주의의 실현을 목표로 삼은 '당화교육(黨化教育)'이 제창되었다. 1928년에는 이것을 '삼민주의 교육'

으로 개칭하고 교과서 심의제도가 개시되었다.

그러나 이러한 정당국가체제하에서 공산당, 청년당 등 타 정당은 비합법화되어 탄압을 받게 되었고 삼민주의에 반대하는 언론에 대해서는 단속이 이뤄졌다. 이에 지식인을 중심으로 훈정체제에 대한 비판이 일었다. 예를 들어 자유주의자 후스는 훈정이라고 하는 사고방식 자체를 비판하고 헌정의 즉시시행을 주장하면서 "매월 기념일이 있고 매주 기념주간[후술]이 있으며 어떤 벽 위에도 표어가 붙어 있고 누구의 입에도 슬로건이 있"(「名教」, 1928년 7월)는 국민정부의 선전정책을 향해 비판을 가했다. 또한 1928년 6월, 후스는 교장으로 취임했던 상하이의 중국공학(中國公學)에서 총리 유촉(쑨원의 유서)을 선독(宣讀)하지 않았다는 이유로 국민당으로부터 비판을 받고 1930년 5월에 학교를 사직하기도 했다.

이러한 정당국가체제의 구상은 소련과 소련공산당의 관계를 모델로 한 것으로 이후의 중국공산당 정권과도 공통점이 많다. 중국국민당과 중국공산당 모두 소련의 영향을 받은 쌍생아라고 불리는 이유이기도 하다. 다만 공산당의 '프롤레타리아독재'가 아득한 미래의 공산주의 사회의 성립 때까지 사실상 일당독재를 지속한다는 것과 비교하여, 쑨원의 '삼서' 구상은 앞서 설명한 것처럼 일정기간의 국민의 훈련이 완료된 후에 헌정으로의 이행을 규정하고 있다는 점에서 특이점이 있다고 할 수 있다.

국가통합의 상징이 된 쑨원

국민당은 쑨원의 사상적 무류성(無謬性)을 통치 정당성의 중요한 근거로 삼았다. 그 때문에 1925년 3월의 쑨원 서거 직후부터 개인숭배에 관한 상징과 의식을 정비해나갔다. 쑨원이라고 하는 인물 자체를 국가통합의 상징으로 삼으려 했던 것이다. 쑨원의 호인 '중산(中山)'을 기념하기 위해 쑨원의 고향인 광둥성 샹산현(香山縣)을 '중산현(中山縣)'으로, 1922년에 쑨원이 군사지도자 천중밍의 쿠데타로 광둥성에서 쫓겨나면서 탔던 포함(砲艦) '영풍(永豐)'도 '중산'으로 개명하였다. 각 도시의 시내 거리가 '중산로'로, 공원이 '중산공원'으로 개명되기도 했다. 또한 쑨원이 고안했던 복장이 '중산장(中山裝)'(일본에서는 인민복이라고 부르기도 함)이라는 이름으로 국민당원의 정장으로 채용되어 일반사회에도 퍼졌다.

국민당은 각급 당부가 회의를 개최할 때 가장 먼저 주석이 총리 유촉을 낭독하고 출석자 전원이 기립하여 그것을 배청(拜聽)하도록 했다. 관청과 군대는 매주 월요일 오전 10시에 '총리기념주(總理記念週)'라고 하는 집회를 열었다. 참가자는 쑨원의 초상을 향해 삼국궁례(三鞠躬禮, 머리 숙여 하는 경례)와 3분간의 묵념을 한뒤 총리 유촉을 읽고 쑨원의 사상과 혁명의 역사에 대한 강연을 진행했다. 쑨원의 기일인 3월 12일을 '총리서거기념일'로 정한 데 이어, 1926년에는 미국의 초대대통령 워싱턴의 사례를 모

그림 3-7. 중앙당부영친특별열차(『쑨중산과 국민혁명』)

그림 3-8. 봉안대전(『쑨중산과 국민혁명』)

     중국 내셔널리즘

방하여 쑨원의 탄생일(11월 12일)을 '총리탄생기념일'이라는 공식 기념일로 지정하였다.

쑨원은 베이징 체재 중에 병사했기 때문에 베이징 서쪽 근교의 벽운사(碧雲寺)에 유체가 안치되어 있었다. 국민당은 쑨원의 유언에 따라 난징 동쪽에 있는 자금산(紫金山)에 대규모의 '중산릉(中山陵)'을 조성했다. 1928년 6월에 국민혁명군이 베이징을 점령하자, 다음 해인 1929년 특별 편성된 '중앙당부영친특별열차(中央黨部迎櫬特別列車)'로 선전을 행하여 가면서 쑨원의 유체를 난징까지 옮기고 6월 1일에 성대한 '봉안대전(奉安大典)'을 거행하여 중산릉에 안치했다.

또한 쑨원을 부르는 존칭의 경우에는 중국국민당의 당수직(黨首職)인 '총리'가 사용되었는데, 중일전쟁 중이었던 1940년에는 국민당·국민정부에 의해 쑨원을 '국부(國父)'로 부를 것을 정식으로 결정했다.

'국족(國族)'이라는 개념 - 국민정부의 민족정책

국민당·국민정부의 민족정책 역시 쑨원의 생전의 주장을 기초로 했다. 1929년 3월에 열린 중국국민당 제3차 전국대표대회에서는 "중국 영내의 민족은 삼민주의하에 상호 친애하고 일치단결해야 한다. 그것이 외래의 제국주의의 완전한 배제라고 하는 목적에 도달하는 유일한 길이다. 본당의 삼민주의 중 민족주의는 한 · 만 · 몽 · 회 · 장 인민이 밀접하게 단결하여 하나의 강고하고 유력한 국족을 형성하고, 국외적으로는 국제적 평등의 지위를 다툴 것을 요구한다."(「정치보고 결의안에 대하여」)고 결의되었다. '국족'이란 쑨원이 '삼민주의' 강연에서 네이션의 번역어로 사용했던 조어인데, 여기에서 '국족'은 각 '민족' 위에 위치한 상위개념으로 설정되었다. '국제적 평등'의 단위가 되는 것은 어디까지나 '국족'으로 규정되었고 한 · 만 · 몽 · 회 · 장과 같은 '민족'과는 개념적으로 구별되어 쓰였다.

1928년 북벌 완료 후에 추진된 행정구획 개정에 따라 내몽골에서는 러허 · 차하르 · 쑤이위안(綏遠) · 닝샤(寧夏)성이 설치되었고, 티베트 동북부(암도)에도 칭하이성(靑海省)이 설치되었다(1939년에는 티베트 동남부(캄)에 시캉성西康省을 설치함). 그 결과 티베트 서부(및 독립한 외몽골)를 제외한 중화민국 전역에 성제가 시행되게 되었다. 성제의 시행은 베이징정부 시기에 실질적 통치가 미치지 않았던 이들 지역에 대한 관리를 강화하기 위한 것이었다. 그와 동시에 난징으로의 수도 이전에 따라 베이징이 베이핑(北平)으로, 즈리성이 허베이성으로, 펑톈성이 랴오닝성으로 개칭되었다.

그러나 이들 지역으로 한인의 이주가 한층 확대되자 현지 주민들이 반발하기 시작했다. 1930년부터 다음 해에 걸쳐 캄 지방에 티베트군이 진공하는 제2차 캉장(康藏)분쟁이 일어났다.(제1차는 1917년에 발생) 신장에서는 1933년에 제1차 동투르키스탄 독립운동이 일어났고, 같은 해 내몽골에서도 덕왕(德王, 템치그돈로브, 1902~1966)을 중심으로 한 자치운동이 시작되었다.

'중화민족'의 강조

일본은 만주사변이 '만몽(滿蒙)'의 자발적 독립운동의 결과라고 주장했는데, 그 영향으로 국민정부는 비한인 에스닉집단의 자치 요구에 대해 강경한 태도를 보였다. '중화민족'의 일체불가분성이 한층 더 강하게, 또 명확하게 내세워졌다. 자치의 단위가 되는 민족의 범위가 어디까지인가의 문제가 보다 강한 정치성을 띠게 되었던 것이다.

학술계도 이러한 시세(時勢)와 무관하지 않았다. 저명한 역사학자 구제강(顧頡剛, 1893~1980)은 자신이 발행하고 있던 지리학 잡지 『우공반월간(禹貢半月刊)』의 3주년 기념에 맞춰 다음과 같은 글을 게재했다.

우리는 우리의 선조가 지난하고 힘든 세월을 무릅쓰고 중화민족을 이룬 경위를 명확히 하고, 국내의 각 종족에게 모두가 하나가 될 수 있고 분리될 수 없다고 하는 역사적 배경과 시대적 사명을 이해시켜야 한다. 피아가 밀접하게 연관되고 상호 존중하고 공동으로 제휴하고 단결하여 하나의 가장 완강한 민족이 되어야 한다.(「기념사」, 1937년 4월)

그림 3-9. 난징국민정부 시기의 중화민국

　구제강은 '민족'이라고 하는 말을 전적으로 '중화민족'을 가리
키는 데 사용하면서 하위의 '종족'과 명확히 구별하고 있다. 그리
고 '중화민족'이 실재한다고 하는 전제 위에서 그것이 일체불가
분하다는 점을 명확히 하는 것이 곧 역사학·지리학의 사명이라
고 주장했다.

　이후 장제스도 중일전쟁 중인 1942년 8월에 칭하이성의 성도
시닝(西寧)에서 개최한 강연에서 다음과 같이 발언했다.

　우리 모두는 우리 중화민국이 중화민족 자체로 세워졌고, 우리 중화민족이 우리 한·만·몽·회·장의 다섯 종족을 연합시켜 하나로 삼은 전체의 이름이라는 것을 알아야 한다. 우리는 다섯 종족인 것이지 다섯 민족이 아니다. 바꿔 말하면 우리들은 모두 중화민족을 구성하는 일부분이고 형제가 합하여 가정을 이루는 것이다. (…) 국부 쑨원 선생은 "4억 인을 결합하여 하나의 견고한 민족으로 삼는다"고 말했다. 그러므로 우리에게는 하나의 중화민족이 있을 뿐, 그 가운데 각 단위를 부르는 가장 적절한 명칭은 실은 종족이라고 불러야 한다.(「중화민족 전체공동의 책임」, 1942년 8월)

여기에서도 마찬가지로 중국에서 '민족'이라 불릴 수 있는 대상은 '중화민족'뿐으로, 한인, 몽골인, 티베트인 등은 그 하위분류인 '종족'에 속하는 것으로 여겨지고 있었음을 알 수 있다.

한인은 영토적 위기감 속에서 내셔널리즘을 드높였으나 다른 에스닉집단의 문제는 다만 '중화민족'의 일부인가 아니면 '중화민족'의 배신자인가라고 하는 시점에 의거해 파악하였다. 한인 측의 이러한 강경한 태도가 신장과 내몽골을 소련과 일본으로 몰아넣으면서 동투르키스탄공화국과 신장 정권의 수립으로 이어지는 결과를 초래했던 것은 분명하다.

국민당·국민정부의 공정 내셔널리즘의 성격에 있어 또 하나 문제가 된 것이 전통문화에 대한 태도 여하이다.

1934년 2월 장제스는 장시성 난창(南昌)에서 「신생활운동의 요의(要義)」라는 제목의 강연을 진행하고 국민당·국민정부에 의한 최대 규모의 대중운동으로 전개된 '신생활운동'을 개시했다. 신생활운동이란 예의염치(禮義廉恥)라고 하는 유교적 덕목을 기본정신으로, 사람들의 일상생활을 '정제·청결·간단·소박·신속·확실'하게 만드는 것을 실시원칙으로 삼고, 사회의 '군사화·생산화·예술화[합리화]'에 따른 '민중훈련·국가건설·민족부흥'의 실현을 운동의 목표로 삼았다.(『장제스와 신생활운동』)

1934년 5월에는 장제스·왕징웨이 등이 연명으로 제안하여 양력 8월 27일(공자의 탄생일은 음력 8월 27일로 간주됨)을 '선사공자탄신기념일(先師孔子誕辰記念日)'로 지정할 것을 정식으로 결정했다. 이날은 휴일로 정하여 전국적으로 국기를 내걸고 각 기관, 학교, 단체에서 집회와 기념대회를 열도록 했다.(『국민정부공보』, 1934년 7월 25일)

같은 해에 열린 제1회 '선사공자기념'에서는 공자의 탄생지인 산둥성 취푸(曲阜)에서 성대한 행사를 거행했다. 왕조시대에 공자의 제사는 지식인 남성만이 참여 가능했던 것이었지만 이번에는 여성을 포함한 전 국민이 제사에 종사할 수 있게 되었다. 또한 전통적 음력이 아닌 양력으로 날짜를 바꾸고 의식에 서양적 요소가 더해졌으며 유교가 삼민주의와 결부되는 등 과거와는 변화된 지점들이 존재했다. 여기에는 유교를 근대적으로 바꾸고 국민통합과 대중동원에 이용하려고 하는 의도가 명확하게 개입되었다.

다음 해인 1935년에는 국민당계 지식인 단체인 중화문화건설협회가 「중국본위적문화건설선언(中國本位的文化建設宣言)」을 발표했다. 그들은 전면적으로 외국을 모방하는 것이 아니라 중국본위의 문화건설을 지향할 것을 주장했다. 이들의 주장에 대해 국민당의 일당독재에 반대하고 전통문화의 구폐 타파를 주장하던 후스 등의 '서화파'가 비판을 가하면서 '중국본위문화논전'이라고 불리는 논쟁이 전개되었다.

이상과 같은 난징국민정부의 일련의 시책은 장제스와 국민당의 전통회귀, 복고지향을 보여주는 것으로 통상 이해되어왔다. 그러나 실제로 그 기조는 일관되게 강한 근대화를 지향하는 것이었는데, 1928년 이래 국민정부가 국가의 공식 달력인『국민력(國民曆)』을 작성, 반포하고 음력 금지와 양력 사용을 철저하게 도모하고 전통적 축제를 폐지하려고 했던 데에서도 그러한 의도를 엿볼 수 있다. 신생활운동은 유교적 덕목을 내걸고는 있었지만 동시대 유럽의 파시즘과 장제스의 일본유학 시절의 경험도 크게 영향을 미쳤다. 운동의 근본적 목적도 청결, 시간 준수와 같은 근대적 생활습관의 형성과 국민통합에 있었다.(『신체를 길들이는 정치』)

그런 의미에서 보면 국민당의 공정 내셔널리즘은 광서신정기 · 베이징정부기의 지식인으로부터의 연속성이 강했다. 그러나 그것은 동시에 국민당이 청말 이래의 지식인 주도, 이성 중시, 근대화 지향의 '위로부터의 내셔널리즘'의 약점을 이어받았음을 의미하는 것이기도 했다. 결벽적이라고도 할 수 있는 장제스의 근대화정책은 민중감정과의 접점 없이 기층사회에 침투하고 있었던 것이다.

반공, 친영미 및 '안내양외' 노선을 편 장제스 · 국민당은 민중의 에너지를 억제하고 노동운동과 과격한 배외운동을 억압하면서도 그들을 국가건설에 동원해야 하는 딜레마를 안고 있었다. 이것이 국민당정권의 '위로부터의 내셔널리즘'의 성격을 규정하는 요인이 되었다.

교과서와 '국치도'

만주사변 이후 중국의 학교 교육에서 이권회수 · 실지(失地)회복이라는 테마는 한층 더 중요한 위치를 점하게 되었다. 역사교육에서 '국치'가 강조된 것과 지리교육에서 '실지' 문제가 다뤄진 것이 대표적이다.

중화민국 시기의 지리 교과서에는 청 이전에 중국왕조에 조공을 했던 지역, 이후 열강의 영토와 식민지가 된 지역, 불평등조약으로 할양되거나 타국의 조차지가 된 지역을 학생들에게 보여주고 그러한 '실지'의 회복을 호소하는 내용이 자주 포함되었다. 상하이의 상무인서관이 간행한 고등소학교용 지리 교과서에는 다음과 같은 서술이 게재되었다.

우리나라의 강역은 청대 초기에는 토지가 매우 넓었고 번속이 많았다. 그러다 서양세력이 동쪽으로 침입하였고, 우리나라는 제국주의의 침략을 받아 영토와 번속을 러시아, 일본, 영국, 프랑스와 같은 여러 나라에게 많이 빼앗겼다. 상실한 지역을 합쳐보면 대략 우리나라 전체 면적의 3분의 1에 해당한다. (…) 현재 동북지역은 대략 연해지역 및 헤이룽강 좌안(左岸)부터 외흥안령까지 완전히 상실했다. 서북의 경우 이르티시강의 서안, 자이산호수와 총령(葱嶺)[파미르고원] 이서 지역도 모두 국계 밖으로 구분되었다. 러시아의 노농정부가 성립된 후 더욱이 우리나라의 외몽골을 점거하면서 서북의 정세는 나날이 위급해져가고 있다.(『신시대지리교과서』, 1927년)

이러한 교과서의 기술과 더불어 특히 학생들에게 '실지'에 대해 강한 인상을 남겼던 것이 1930년대 이래 다수 작성된 학습용 '국치도(國恥圖)'이다. 국치도의 특징은 '현(現)국계'와 '구(舊)국계'의 두 개의 국경선을 그어 보다 넓은 '구국계'를 현재는 잃어

버린 토지로 가시화하고 있다는 점이다. 국치도에는 사할린, 조선반도, 류큐, 대만, 남중국해, 필리핀의 술루제도, 인도차이나반도, 말레이반도, 안다만제도, 네팔, 부탄, 시킴, 카자흐스탄, 키르기스, 타지키스탄, 아프가니스탄의 일부 등을 포함한 매우 광대한 범위가 표시되어 있다.(『중국강역변천도』, 1936년) 사서에 한번이라도 중국의 판도에 속한 적이 있거나 중국왕조에 조공을 바쳤다고 하는 기술이 있는 지역을 망라했기 때문이다.(일본과 서양국가들은 제외)

여기에는 제국주의에 의해 빼앗긴 중국 영토의 방대함을 강조함으로써 학생들의 '국치'의 감각을 북돋우는 동시에 본래의 강대한 중국의 모습을 보여주는 방식으로 그 발분을 촉구하려는 의도가 반영되어 있었다.

이러한 주장은 근대적 영토관념을 전근대의 조공·책봉체제에 투영하려고 했다는 점에서 시대착오적이다. 다만 교과서에 표현된 '실지'의 범위가 민국 초기 이래 점차 확대되어 1930년대에 최대 규모가 되었다는 사실에서 알 수 있듯이, 21개조 요구와 만주사변으로 인해 눈앞에서 벌어진 영토·주권의 상실에 대한 심리적 반발이 여기에 반영된 것이라 할 수 있다.

이 시기에 남중국해의 도서를 둘러싸고 일본과 프랑스가 영유권 다툼을 하고 있던 상황도 이러한 국치도를 작성하는 데 영향을 미쳤다. 국민정부도 수륙지도심사위원회(水陸地圖審查委員會)로 하여금 '중국남해각도서도(中國南海各島嶼圖)'('수륙지도심사위

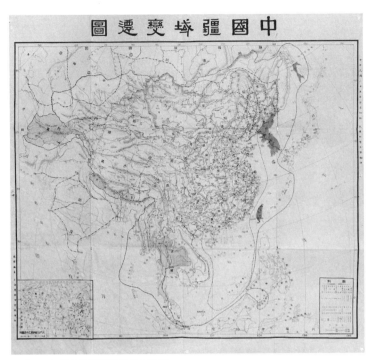

그림 3-10. 「중국강역변천도」(1936년)

원회 회간』, 1935년 4월)를 작성케 하고 남중국해의 관할권을 주장
했다. 미리 말해두자면 그것을 바탕으로 전후 작성된 「남해제도
위치도(南海諸島位置圖)」(내정부방역사, 1947년)는 '11단선(段線)'이
라고 불리는 점선으로 남중국해를 둘러쌌다. 이후 베트남에 대
한 배려 차원으로 통킹만에 걸친 2단선을 삭제하여 현재 중화인
민공화국이 자국의 영해라고 주장하는 것은 '9단선'이다.

일본의 중국 침략과 중국의 '배일' 여론

이러한 교과서는 중국 내셔널리즘의 표적이 되었던 일본으로부터 경계의 대상이 되었다. 예를 들어 전 관동군 사령관 시라카와 요시노리(白川義則)는 한 좌담회에서 다음과 같이 발언했다.

어떤 이유로 [중국의] 대일 관계가 나빠지게 되었는가라고 묻는다면 그 원인은 여러 가지가 있겠죠. 그중 하나를 살펴보자면, 내가 살았던 시대에는 소학교와 중학교 교과서에 배일(排日) 기사 등이 쓰여 있지 않았어요. 그런데 장쉐량대에 와서부터 (…) 모두 남방[국민정부]의 교과서를 사용하게 되었지요. 그 결과 핑계만 있으면 배일 기사가 예를 들어가며 쓰여졌어요. 이 기사가 난징이나 상하이 주변의 사람의 경우라면 그뿐일지 몰라도 만주에 거주하는 지나인에게는 눈앞에 뚝뚝히 보이는 사실이죠. 만철이 제멋대로 행동하고 매우 오만하다든가 혹은 뤼순이 어떻다든가 하는 사정은 만주에 거주하는 지나의 젊은이들에게는 직접적으로 영향을 미치는 것이기 때문에 이것들이 배일의 큰 원인이 되고 있는 것으로 보입니다.(『문예춘추』, 1932년 1월)

이처럼 국민정부 교과서 그 자체가 중국의 '배일' 정서의 원인이라고 보는 인식을 드러내고 있다. 다만 그러한 인식이 특히 동삼성에서 형성된 이유에 대해 현지에서의 일본의 행동이 그 원인으로 작용했다는 점도 솔직하게 서술되고 있다.

중국의 '배일' 교육이 중일 대립의 원인이라고 보는 이상의 논의는 만주사변이 '자위'의 결과라고 여긴 일본 측의 주장과 관계된다. 실제로 만철은 만주사변 직전에 『지나배일교재집(支那排日教材集)』(동아경제조사국, 1931년 8월)을 일본 국내에서 간행하였고, 일본 외무성은 국제연맹의 리튼조사단 파견에 즈음하여 '자위'론의 근거로서 중국의 교과서를 수집하여 제출했다. 중국의 교과서를 일본이 비판한 교과서 문제는 이렇게 국제화되었다.(『근대중국 · 교과서와 일본』)

1932년 10월에 제출된 리튼조사단 보고서는 자위라는 일본의 주장을 인정하지 않았고 만주국은 자발적 독립운동의 산물이 아니라고 하면서도, 일본을 배려하는 차원에서 중국의 '배일'이 분쟁의 한 원인으로 작용했다는 점을 인정하고 동삼성을 열국의 공동관리하에 둘 것을 제안했다.

그러나 이 보고서에 기초하여 국제연맹총회가 1933년 3월에 만주국 불승인을 결정하자 일본은 국제연맹을 탈퇴하고 러허성을 침공하기에 이른다. 그해 5월, 중일 간에 당고정전협정(塘沽停戰協定)이 체결되었는데 이때 일본이 국민정부에 대해 허베이성 동부에서 양측 군이 물러나 완충지대로 삼을 것과 더불어 '배일' 단체 및 국민당 당부의 해산, '배일' 교과서의 폐지를 요구했던 것도 그 때문이다.

일본에서는 1933년 9월에 히로타 코우키(広田弘毅)가 외상에 취임하고 국민정부의 지도자인 왕징웨이를 창구로 삼아 중일관계 수복을 위한 교섭을 개시했다. 1935년 5월에는 중일 간 대사급 교환이 실현되었다. 그런데 교섭 과정에서 일본이 조건으로 내세운 것 역시 '배일'의 단속이었다.

1935년 6월에 일본의 지나주둔군(支那駐屯軍, 1901년의 베이징협정서에 따라 주둔을 승인받은 베이징, 텐진의 공사관·철도 수비부대)과의 사이에서 체결된 허잉친(何應欽)·우메즈(梅津)협정 및 친더춘(秦德純)·도이하라(土肥原)협정은 허베이, 차하얼성으로부터의 중국 측 군대 및 '배일기관'의 철퇴를 요구했다. 이에 따라 국민정부는 돈목방교령(敦睦邦交令)을 발표하여 국치 교재와 대일 보이콧 금지를 명했다. 그로 인해 이 시기 중국에서 출판된 서적에서는 '항일'이라고 하는 단어가 '항X'과 같이 복자(伏字)로 쓰여졌다. 10월, 일본외무성은 여기에서 더 나아가 '배일'운동의 단속, 만주국 묵인, 일본에의 협력을 조건으로 중일관계 개선을 요구하는 히로타 3원칙을 발표했다.

이렇듯 일본의 침략에 따른 중국의 '배일' 여론의 고양이 일본정부와 여론의 반발을 야기하고 중국정부에 대한 '배일' 단속 요구와 점령지 확대를 초래하여 그것이 다시 중국의 '배일' 여론을 한층 더 들끓게 하는 악순환이 끊임없이 되풀이되었다.

항일민족통일전선 - 공산당의 방침 전환

국민정부는 '안내양외' 정책에 따라 대일교섭에서 일본에 양보했다. 그러나 국내적으로는 반장파에 의한 푸젠사변(1933년)을 진압하고 장시성의 공산당 근거지를 함락시켜 패주하게 하는 (1934년) 등 착실하게 국가통일을 추진해갔다. 또한 1935년 11월에 영·미의 지원 아래 폐제개혁을 실시하고 관리통화제도를 도입, 은지금(銀地金) 및 각지의 할거세력이 각자 발행하고 있던 지폐의 유통을 금지하여 국내의 통화통일을 실현했다. 이는 국민정부의 통치력을 크게 높여 국내경제에 안정을 가져왔다.

그러나 국민정부에 의한 통일의 추진을 싫어한 관동군은 1935년 11월, 일본과 관계가 깊은 정객 인루겅(殷汝耕)으로 하여금 허베이성에 기동방공자치위원회(冀東防共自治委員會, 다음달 기동방위자치정부로 개칭)를 조직케 하고 화베이분리공작(華北分離工作)을 추진했다. 기동정부를 통한 밀무역은 중국시장에 큰 혼란을 가져왔고 관세수입에도 타격을 주었다. 그로 인해 중국사회의 대일 내셔널리즘이 국민정부가 억제 가능한 수준을 넘어 고조되었다.

같은 해 11월에는 대일교섭을 담당하고 있다는 이유로 일본에 타협적이라고 비판을 받고 있던 왕징웨이에 대한 암살미수사건도 발생했다.(이 사건으로 왕징웨이는 사직함) 12월에는 베이핑(베이징)에서 화베이분리공작에 반대하는 격렬한 학생 시위가 일어났

그림 3-11. 기동밀무역을 비판하는 풍자화
(『생활일보』, 1936년 6월 29일)

고(12·9운동), 그 이후 각지에서 학계, 상업계, 노동계에 의한 '구국회'(항일을 요청하는 민간단체)가 차례로 조직되었다.

이 해에는 또한 공산당계 전통영편공사(電通影片公司)가 제작한 영화 〈풍운아녀(風雲兒女)〉의 주제가 '의용군진행곡'(톈한田漢 작사, 니에얼聶耳 작곡)이 크게 유행했다. "중화민족에 최대의 위기가 도래했다"고 항전 참가를 호소하는 이 곡은, 중일전쟁기에 계속 불렸고 후에 중화인민공화국의 국가로 채용되었다.

애초 내셔널리즘은 부르주아사회의 것이고 만국의 노동자의 단결을 통한 자본주의 타도를 지향하는 공산주의자는 국제주의자라고 하는 것이 공산당의 기본적인 사고방식이다. 그 일환으로 1919년에 모스크바에서 코민테른(공산주의 인터내셔널)이 조직되었고 각국의 공산당은 코민테른의 지부로 위치되었다. 그러나 실제로는 세계에서 최초로 사회주의혁명을 이뤄냈다고 하는 권위를 바탕으로 지부의 하나에 불과한 소련공산당이 코민테른을 매개로 각국 공산당에 압도적 영향력을 행사하는 상황이 발생했다.

예를 들어 1929년의 봉소전쟁 때 중국 국내에서 반소(反蘇) 기

중국 내셔널리즘

운이 고양되자, 중국공산당은 코민테른의 지시를 받아 소련에 대한 지지를 호소하는 캠페인을 벌였다. 그러나 이러한 요청은 당시 고양되고 있던 중국 내셔널리즘의 요구에 명확히 반하는 것이었기에 중국사회에서 받아들여지지 않았다. 중국공산당의 창설자인 천두슈도 중국공산당의 이러한 방침에 반대하여 결국 당에서 제명되었다.

이러한 상황에서 1935년을 기점으로 일련의 변화가 발생한다. 독일에서 반공을 내건 나치당이 정권을 잡자 소련에서는 독일 과 일본에 협공을 당할지도 모른다는 위기감이 높아졌다. 이에 소련은 각국에서의 혁명의 추진보다 당면의 적인 파시즘의 타도 를 우선시하고, 보다 폭넓은 세력과의 '통일전선'을 결성하는 방 향으로 방침을 전환하게 된다. 그해 8월, 모스크바를 방문한 중 국공산당 대표단은 이 방침을 수용하여 '8·1선언'을 발표하고 국민당을 포함한 폭넓은 세력을 향해 일치항일을 호소했다. 이 8·1선언이 중국 국내에 전해지자 산시성으로 도망쳤던 중국공 산당은 1935년 12월에 항일민족통일전선의 추진을 결정했다.

중국공산당의 이러한 결정은 고조된 중국 내셔널리즘의 요구 와 합치한 것이었고, 그로 인해 이후 중국공산당이 항일민족통 일전선을 기치로 중국사회의 지지를 모으는 것이 가능해졌다.

시안사건과 국공내전의 정지 ─────────

　이처럼 1935년 말을 경계로 중국 전체가 내셔널리즘 일색이
되었다. 1933년 말부터『독립평론』(베이핑)을 중심으로 전개된
'민주와 독재' 논쟁의 전말도 이러한 당대의 분위기를 잘 보여준
다. 이 논쟁은 역사학자 장팅푸(蔣廷黻, 1895~1965) 등이 후진사
회인 중국에 통일된 국민국가를 수립하기 위해서는 과도적으로
강력한 전제체제(구체적으로는 장제스에의 권력의 집중)가 필요하다
고 주장했던 데에 대해, 자유주의적 입장을 취한 후스 등이 헌정
의 즉시시행에 의한 민중의 정치참여야말로 국가통합의 길이라
고 반론을 펴면서 촉발되었다.

　그러나 1936년이 되면서 후스 등도 사회 전체가 내셔널리즘으
로 뒤덮인 상황을 인정하고(『요미우리신문』, 1936년 7월 23일), 장팅
푸 및 후스 등의『독립평론』과 지식인들도 정책 입안의 브레인
및 외교관으로 국민정부에 참여하게 되었다.

　다만 이 시기에는 훈정에서 헌정으로의 이행준비도 진척되어
1936년 5월 헌법초안(오오헌초五五憲草)이 공포되었다. 일당독재
체제가 내셔널리즘을 억제하는 정치상황하에서 내셔널리즘 수
행의 요구와 헌정실시 및 민권보장의 요구가 일체가 되었던 것
이다.

　1936년 6월에는 상하이에서 각지의 구국회를 결집한 전국각
계구국연합회(全國各界救國聯合會)가 결성되었다. 또한 같은 달

국민당 서남집행부가 장제스의 대일협력을 비판하면서 '항일구국군'을 조직하여 국민정부와 대치하는 사건이 발생했다.(양광사변兩廣事變) 이 사건 자체는 서남집행부 측이 사임하는 것으로 수습되었지만 그들이 내건 항일은 내셔널리즘에 기반한 여론으로부터 지지를 받았다. 그해 11월, 국민정부는 이러한 항일 내셔널리즘의 억압을 위해 전국각계구국연합회의 지도자 7인을 체포했다.(항일칠군자사건)

국민정부가 이러한 기존 방침에서 최종적으로 항일로 태도를 전환한 계기가 되었던 사건이 1936년 12월에 발생한 시안사건이다. 산시성의 공산당 근거지의 포위를 명했던 장쉐량은 공산당 측의 설득으로 통일전선에 찬성하게 되었고, 당시 공산당과의 전투를 독려하기 위해 시안에 방문 중이던 장제스를 감금하여 내전 정지와 일치항일을 압박했다. 장제스가 이 요구를 받아들이는 형태로 사건은 수습되었고 국공내전은 일시 정지되었다.

만주사변 후에도 국민정부는 '안내양외' 정책하에서 실용주의 외교방침을 고수하고 일본과의 교섭과 국내 내셔널리즘의 통제를 꾀하고 있었다. 그러나 무력침공의 '원계획'을 시야에서 놓친 일본은 화베이에서도 무제한으로 전선을 확대해나가고 있었다. 이는 '배일'을 제어하려고 한 장제스와 그에 압력을 가하고 있던 공산당, 구국회운동, 국민당 내 반장파라고 하는 당시의 중국정치세력 가운데 오히려 후자를 후원하는 역할을 했다. 이러한 일련의 상황은 1910년대의 21개조 요구와 5·4운동 때와도 유사

하나 1930년대에는 중국 내셔널리즘의 고양이 정부의 행동에 영향을 미쳤다는 점에서 사뭇 달랐다. 이 와중에 중일은 1937년 전면전의 발발이라는 상황을 맞는다.

중일전면전

중일전쟁의 발발

1937년 7월 7일 베이핑 교외의 루거우차오(盧溝橋)에서 야간 연습 중인 지나주둔군에 대한 발포 사건이 일어난 것을 계기로, 현지 중국 군대와의 군사충돌이 발생한다.(루거구차오사건) 일본이 "지나군의 포악함을 응징한다"는 성명을 발표하고 베이핑, 톈진에 전면공격을 개시하면서, 쌍방 선전포고가 없는 상태로 중일의 전면전이 시작되었다.

8월에는 상하이의 일본해군육전대와 국민당군과의 군사충돌(제2차 상하이사변)을 시작으로 대규모 전투가 전개되었다. 국민당군은 완강히 저항했지만 11월 일본군의 항저우만 상륙작전으로 인해 국민당군의 전선은 붕괴되었고 국민정부는 난징에서 우한을 거쳐 쓰촨성 충칭으로 이전을 결정한다. 12월, 난징을 점령한

일본군은 포로와 비전투원에 대한 대규모의 폭행·살해사건을 일으켰다.(난징사건)

일본군은 100만에 가까운 병력을 중국에 투입하고 연안과 장강 인접의 주요 도시와 철도를 하나하나 점령해나갔다. 서부 내몽골의 몽골연맹자치정부(1937년 10월 몽강蒙疆정권), 베이징(베이핑에서 다시 개칭)의 중화민국임시정부(12월), 난징의 중화민국유신정부(1938년 3월)와 같은 대일협력정권이 차례로 수립되었다. 그러나 일본군은 1938년 10월에 광저우, 우한을 점령한 후 전쟁동원의 한계로 진공(進攻)을 정지하지 않을 수 없었고 이후 전선은 교착상태에 빠졌다.

한편 중국 측은 1937년 8월에 소련과 중소불가침조약을 체결하여 소련으로부터의 원조가 시작되었다. 장제스는 공산당의 합법적 지위를 승인했고 공산당의 홍군(紅軍)이 국민혁명군 제8로군·신편 제4군으로 개편되었다.(제2차 국공합작) 공산당은 화베이의 농촌지역에 근거지를 수립하고 세력을 점차 확대해나갔는데 이에 일본군은 농촌의 파괴를 포함한 '신멸작전(燼滅作戰)'을 실시했다. 그때까지 외국인과 접촉한 적이 없었던 농촌에까지 일본군이 침입했던 상황은 농민들의 '중국인'으로서의 정체성 형성에 큰 영향을 미치게 되었다.

'대동아전쟁'과 중국의 위치

1938년 1월 고노에 후미마로(近衛文麿) 내각은 사태의 타개를 도모하여 "금후 국민정부를 상대로 삼지 않고" 신흥정권의 성립을 목표로 한다는 내용의 제1차 고노에성명을 발표했다. 이 성명의 배경에는 전쟁 초반에 국민정부가 패배하여 중앙정부에서 지방정권으로 전락한다고 하는 예상이 있었다.

일본은 장제스를 대신할 '신중앙정권'의 수립을 도모하는 가운데 국민정부의 2인자인 왕징웨이에 대한 공작을 개시했다. 이에 응한 왕징웨이 등은 충칭을 탈출하여 1940년 3월 난징에 새로운 국민정부를 조직했다. 일본은 11월에 일화기본조약(日華基本條約)을 체결하고 왕징웨이정권을 승인했다. 정당한 국민정부를 표방한 왕정권은 청천백일만지홍기(단 '화평반공건국和平反共建國'이라고 쓴 황색의 삼각형의 작은 기를 덧붙임)를 국기로, 중국국민당 당가를 국가로 사용했다. 또한 국치기념일을 제외한 국민당 · 국민정부의 기념일을 거의 그대로 답습하여 기념활동도 벌였다.

그러나 일본 측이 중국에서의 철병 약속을 이행하지 않은 데다가 충칭국민정부에서 왕징웨이에 이은 추가 이탈자가 나오지 않자, 오히려 장제스를 지도자로 한 중국의 결속이 견고해지는 결과가 초래되었다. 그에 따라 왕징웨이의 이탈로 충칭국민정부가 와해될 것이라는 일본의 예상 시나리오도 빗나가게 되었다.

군사작전에서도 정치공작에서도 충칭국민정부가 붕괴되기는

커녕 오히려 구심력이 강해지면서 일본은 조기에 전쟁을 종결시킬 수 있는 수단을 상실했다. 이것은 화베이분리공작에 대한 1935년 12·9운동 이래의 중국 내셔널리즘의 고양에 대해 일본측이 결정적으로 오인한 결과였다.

1941년 12월 일본의 대영미 선전포고에서 일본은 자국의 전쟁목적은 '자위'에 있다고 주창했다. 그러나 며칠 후의 정보국 발표에서는 "대동아전쟁이라고 칭하는 것은 대동아신질서의 건설을 목적으로 하는 전쟁임을 의미하는 것"이라고 하는 등 일본정부의 주장에 혼선이 빚어졌다.(『아시아·태평양전쟁』)

1942년 1월에는 도조 히데키(東條英機) 수상이 대동아공영권 건설에 관한 연설을 했다. 다음 해인 1943년 1월, 왕징웨이정권도 영미를 상대로 선전포고했고 일본은 왕징웨이정권에 조계를 반환했다. 11월에는 도쿄에서 일본, 태국, 필리핀, 버마, 자유인도임시정부와 왕징웨이정권의 대표가 참가한 대동아회의가 개최되었다.

이처럼 '대동아전쟁' 와중에 일본은 충칭의 국민정부(장제스)와 전쟁을 계속하면서, 난징의 국민정부(왕징웨이)와 중일친선과 아시아의 단결을 주창하는 매우 부자연스런 태도를 취했다. 왕징웨이정권을 정당한 중국정부로 여기는 이상, 일본이 중국을 상대로 선전포고를 하는 일도 마지막까지 일어나지 않았다. 다른 한편으로, 중국 국내에서는 왕징웨이정권을 정당한 정부로 여기는 사람들은 적었고 오히려 왕정권에 대한 반발로 항일 내셔널리즘은 더욱 강렬해졌다.

국민정부의 항일선전

타협의 여지가 없었던 충칭국민정부와 공산당 측은 철저한 항일선전으로 태세를 전환시켰다. 1938년 4월에는 항전건국강령 (抗戰建國綱領)이 채택되어 항전 중 국가건설과 국민통합의 추진이 선언되었다. 헌정 실시는 연기되었지만 자문기관인 국민참정회(國民參政會)가 설치되었고, 공산당을 비롯하여 중국청년당, 국가사회당, 제3당, 구국회, 중화직업교육사, 향촌건설협회와 같은 중간당파와 무당파 지식인 등도 포함된 거국적인 항전체제의 구축을 도모하였다.

1939년 3월에는 장제스가 위원장을 맡은 국방최고위원회의 지도하에 '국가지상, 민족지상', '군사제일, 승리제일', '의지집중, 역량집중'을 내건 국민정신총동원운동이 개시되었다. "전국의 문예작가들을 연합하여 함께 일본제국주의의 침략에 반대하고, 중화민족의 자유와 해방을 완성시

그림 3-12. 항전을 호소하는 공산당의 포스터(1940년, 『중국의 프로파간다예술』)

키고, 중화민족의 혁명문예를 건설하고, 작가의 권익을 보장하는"(「중화전국문예계항적협회간장」, 1938년 9월) 슬로건을 내건 중화전국문예계항적협회(中華全國文藝界抗敵協會)가 결성된 것을 비롯하여 많은 항적협회가 조직되었고, 문학, 연극, 영화, 미술, 판화, 음악, 신문, 잡지, 라디오, 만화와 같은 다양한 분야의 문화인과 미디어가 민중선전에 동원되었다.

선전 정책에서 주로 다룬 내용은 일본군의 잔혹함, 무차별 폭격의 비인도성, 왕징웨이로 대표되는 '한간(漢奸, 한인의 배신자를 뜻함)'의 비열함, 중국군의 분투와 같은 소재였다. 1943년 11월에 지식청년종군운동(知識靑年從軍運動)이 시작되자 실제로 수만 명의 지식청년들이 군에 지원하여 입영했다.

그런데 이러한 운동과 선전활동이 중국사회 전체에 어느 정도의 효과를 가져왔는가를 설명하기란 매우 어렵다. 이와 관련하여 쓰촨성 청두(成都)에서 노동자 100명을 대상으로 행한 의식조사를 참고할 수 있다. 이 조사는 총 15개 질문으로 구성되었는데, 그 가운데 주요 문항 몇 개를 거론하면 다음과 같다.(「전쟁과 공인문화」)

① 청천백일[만지홍]기는 어느 나라의 국기인가? 알고 있다: 81명 / 모른다: 19명

② 국가를 부를 수 있는가? 부를 수 있다: 34명 / 못 부른다: 66명

③ 우리나라의 최고지도자는 장제스다. 맞다: 72명 / 아니다: 28명

④ 일본은 우리의 적이다. 맞다: 85명 / 아니다: 15명

⑨ 한간이란 무엇인가? 알고 있다: 70명 / 모른다: 30명

⑬ 당신의 자식이 전쟁에 나가는 것을 원하는가? 원한다: 49명 / 원치 않는다: 51명

물론 이 조사는 규모나 방법 면에서 모두 충분치 않았지만, 중일 전쟁이 한창인 때에조차 국민정부가 바랐던 것처럼 전체 국민에게 '국가관념'이 침투되지는 않았다는 사실을 엿볼 수 있다. 이와 비교하여 동 시기의 일본에서는 "자기 자식이 전쟁에 가는 것을 원치 않는다"고 답하는 것 자체가 불가능했던 것은 아니었을까.

공산당의 애국주의

앞서 서술한 것처럼 중국공산당은 1935년 이래 항일민족통일전선으로 방침을 전환했다. 그러나 그때까지 오로지 국제주의를 제창해왔던 공산당이 민족단위로의 단결을 호소하는 것에는 모순이 없었던 것일까? 마오쩌둥은 1938년 9월 옌안(延安)에서 개최된 중국공산당 제6계 중앙위원회 제6차 전체회의에서 다음과 같이 언급했다.

국제주의자인 공산당원이 동시에 애국주의자이기도 한 것은 있을 수 있는 일인가? 있을 수 있고 또 그래야만 한다. 그것은 어떠

한 역사조건하에 있는가에 따라 결정되는 것이다. (…) 왜냐하면 조국을 지키기 위해 싸우는 것이야말로 전 민족을 고난으로부터 구할 수 있고 그래야 전 민족의 해방이 있고 비로소 프롤레타리아와 노동인민의 해방이 가능하기 때문이다. 애국주의란 국제주의적 민족혁명전쟁 중에 시행되는 것이다. (…) 이러한 애국주의는 제국주의를 등진 것은 아니다.(「신단계를 논함」, 1938년 11월)

그림 3-13. 마오쩌둥(1893~1976)
후난성 출신. 국공분열 후 장시성의 산악지대에 근거지를 만들었다. 국민당의 포위를 피하기 위한 '장정(長征)'의 도상에서 공산당의 실권을 장악했다. 최고지도자로서 국공내전을 거쳐 중화인민공화국을 성립시켰다.(『중국의 세기』)

'애국주의는 국제주의와 모순되지 않는다'는 주장이 반복적으로 강조되고 있는 데에서 역으로 이에 대해 의문을 가진 당원도 많았을 것이라는 사실을 짐작할 수 있다. 내셔널리즘은 어디까지나 부르주아사회의 것이라고 하는 원칙 때문에 공산당은 '민족주의'가 아닌 '애국주의'(≒패트리어티즘)라는 말을 사용했다.

이상의 마오쩌둥의 언급은 애국주의와 국제주의의 관계를 둘러싼 문제에 있어 이후 중국공산당의 공식 견해가 되어 반복적으로 인용된다. 오늘날에도 중국이 애국주의와 국제주의는 서로 모순되지 않고 애국주의는 국제주의의 전제가 된다고 하는 사고방식을 일반적으로 견지하고 있는 것은 이 때문이다.

공산당의 민속 이용

마오쩌둥의 위의 보고에서 또 하나 중요한 지점은, 그가 처음으로 '마르크스주의의 중국화'를 언급하고 코민테른의 지령과 외래 모델을 절대시하는 경향을 비판하면서 '민족의 자존심과 자신감'의 필요성을 주장했다는 점이다. 이와 관련하여 마오쩌둥은 이후에 다음과 같이 설명했다.

중국의 장기적 봉건사회 중에는 찬란한 고대문화가 창조되어 왔다. 때문에 고대문화의 발전과정을 정리하고 봉건적 잔재를 제거하고 민주적 정신을 흡수하는 것이 민족의 자신감을 발전시키는 필요조건이다.(「신민주주의론」, 1940년 2월)

철저한 양력 사용에서 짐작할 수 있듯이 국민당은 민속적 관습을 부정하고 근대화 · 문명화를 강하게 지향했다. 이와 달리 공산당은 이러한 "봉건사회에서 만들어진 문화에도 좋은 점도 있고 나쁜 점도 있다"고 하는 입장을 견지하면서, 궁극적으로는 양력의 침투 및 미신의 배제를 목표로 하면서도 농촌의 민속적 관

그림 3-14. 마오쩌둥을 묘사한 연화 (1948년, 『혁명의 의례』)

습을 선택적으로 선전에 이용할 수 있었다. 여기서 '선택적으로'라는 표현을 사용한 것은, 공산당의 권위에 저촉될 가능성이 있는 불교와 회문(會門, 비밀결사)의 습속이 '봉건적 잔재'로 간주되어 배제되었기 때문이다.

구체적으로는 본래 양력으로 개최되고 있었던 공산당의 각종 기념일 활동을 시기가 가까운 음력의 전통 명절과 묘회(廟會) · 집시(集市, 정기시)일 등에 개최하는 식으로 보다 많은 민중의 참여를 독려하려 했던 사례를 확인할 수 있다. 옌안에서 발행된 공산당 기관지 『해방일보』에는 1944년 1월 1일 이후 당시 사용되고 있던 중화민국 기년(紀年, 양력)에 더해 하력(夏曆, 음력) · 절기가 병기되기도 했다. 이러한 표기방식은 현재까지 이어지고 있다.

마오쩌둥이 연화(年畫, 신년에 장식으로 붙이는 그림)에 신상(神像)으로 그려지고 농촌에서 숭배의 대상이 되었던 데에서 짐작할 수 있듯이 마오쩌둥의 개인숭배 역시 민간신앙과 결부되어 강화되었다.(『혁명의 의례』)

당에 대한 충성, 마오쩌둥에 대한 복종

민속적 관습에 대한 접근과 병행하여 이뤄졌던 것이 지식인 비판이다. 옌안의 공산당 근거지에는 많은 지식인들도 참여하고 있었지만 마오쩌둥은 1942년에 '문예강화(文藝講話)'를 통해 도시 지식인들의 개인주의, 자유주의, 부르주아 지향을 자아비판하게 하고 문예는 노동자, 농민, 병사에게 봉사하기 위한 것이라는 점을 강조했다. 문예는 정치에 종속되었고 예술적 가치가 아닌 얼마나 대중에 보급되기 쉬운가에 따라 평가되는 것으로 간주되었다. 이러한 점도 지식인 주도, 근대화 지향의 국민당정권과의 차이라고 볼 수 있다.

종래의 당원에 대해서도 지정문헌의 학습과 당원집회에서의 자기비판을 통해 마오쩌둥사상에 대한 복종을 표명케 하는 '정풍운동(整風運動)'이 실시되었다. 1943년에 소련에서 코민테른 해산이 결정되자 중국공산당 내에서의 마오쩌둥의 권위가 점차 높아졌다. 중일전쟁 말기인 1945년에 열린 제7차 전국대표대회에서는 마오쩌둥사상을 당의 전체 활동의 지침으로 삼을 것을 정식으로 결의하였고, 당에 대한 충성과 마오쩌둥사상에 대한 복종이 일체화되었다.

한편, 공산당의 세력 확대는 국민당의 입장에서는 큰 위협으로 비쳐져 중일전쟁하에서 국공대립이 다시 시작되었다. 국민당과 공산당의 군사충돌도 빈발했는데, 1941년 1월에는 국민당 측 부대가 화중 지역의 신사군을 공격하여 무장해제시키는 사건도 발생했다.

1941년 4월에 체결된 일소중립조약으로 일본이 몽골인민공화국의 보전(保全)을 승인하는 대신 소련도 만주국의 보전을 인정하면서 충칭국민정부와 중국 여론의 소련과 공산당에 대한 불신이 초래되었다. 1944년 11월에 성립한 신장의 동투르키스탄공화국에 대한 소련의 지원도 중국 내셔널리즘의 입장에서는 받아들일 수 없는 것이었다.

제2차 세계대전과 중국사회

제2차 세계대전은 중국의 국제적 지위에 큰 변화를 가져왔다. 1941년 12월에 일본이 영국과 미국에 선전포고하자 충칭국민정부도 영·미와 함께 정식으로 대일 선전포고를 했다. 다음 해인 1942년 1월에 영·미·소·중 외 24개국에 의한 연합국공동선언이 발표되고 연합국이 결성되었다. 중국에는 일본군을 붙잡아두는 역할이 기대되었다. 그로 인해 1943년 1월에는 영·미가 중국과의 불평등조약을 폐기하고 치외법권을 철폐했다. 11월에는 미·영·중 수뇌에 의한 카이로회담이 개최되었고 청일전쟁 이래 일본의 식민지가 되었던 대만과 동삼성의 중국 반환이 결정되었다. 이처럼 제2차 세계대전의 와중에 중국은 청말 이래의 불평등조약의 철폐와 권리회수에 성공했고 나아가 '4대국'의 일원이 되어 국제적 지위가 현저하게 향상되었다.

그런데 이처럼 외교적으로는 일정한 성공을 거둔 한편, 일본과의 전쟁에서는 불리한 상황이 계속되었다. 1944년 4월, 일본군은 대륙타통작전(大陸打通作戰, 1호 작전)을 개시하였는데 이 전투에서 중국군이 대패하여 국민정부와 장제스의 권위가 크게 동요했다.

충칭국민정부도 점차 경제, 동원의 한계에 맞닥트리고 있었다. 원래 후진지역이었던 내륙의 경우 물자부족과 인플레이션이 심해졌고 정부관계자에 의한 부정부패도 만연했다. 지나칠 정도로 가혹하게 행해진 병사와 식료 징발은 다른 참전국의 경우도 마찬가지였지만, 호적과 말단행정이 아직 정비되지 않았던 중국에서는 징병과 조세의 부담으로 극단적인 불공평 현상이 발생했다. 징병 회피를 위해 대역 및 성년 남자를 납치하여 병역에 복무시키는 '장정(壯丁)사냥'도 횡행했다. 사회적 합의를 방치한 불공정한 수탈은 사회불안과 국민정부에 대한 불만을 야기시켰다.(『총후銃後의 중국사회』)

중일전쟁기는 중국의 일반 민중이 실제로 일본군과 접촉하고 국가 간 전쟁에서 직접 영향을 받는 계기를 촉발했다. 그로 인해 내셔널리즘이 기존의 연안, 도시에서 내륙과 농촌 일부로까지 침투하게 되었다. 국민당, 공산당도 여러 수단을 활용해 항일선전을 행하고 민중을 동원하려 했다. 그러나 사회의 말단에서는 불평등한 전시 부담에 대한 불만이 확산되었다.

외교 면에서 보면 같은 연합국이었던 영·미와의 우호관계가 강조되고 중국의 국제적 지위는 크게 향상되었다. 한편, 국내에서 다시 시작된 국공대립의 여파로 충칭국민정부와 소련의 관계는 같은 연합국에 속하면서도 긴장 국면으로 치달았다. 1945년 2월 얄타회담에서는 중국이 부재한 채 영국·미국·소련에 의해 소련이 기존에 중국에서 가지고 있던 이권의 유지가 결정되었다. 이것은 전후 중국을 둘러싼 국제관계에도 크게 영향을 미쳤다.

중일전쟁하의 중국사회의 상황을 일원적으로 평가하기란 매우 어렵다. 서전(緖戰)의 사기의 고조와 지식청년종군운동, 일본 점령하에서의 경험 등으로 미뤄보면, 지식인과 전선 부근 지역에서 중국 내셔널리즘이 유례없이 고양되었던 것은 틀림없다. 그러나 다른 한편으로, 후방의 서민들 사이에서는 국가의식이 여전히 낮았고 징병 및 전시 부담에 따른 기피 현상이 나타났던 것도 사실이다. 이처럼 중일전쟁을 거치며 중국의 내셔널리즘은 다분히 계층적이고 지리적인 편차를 가진 채 확산되고 있었다.

제4장

동서냉전과 사회주의의 시대

1945~1971

국공내전과 국제관계

중일전쟁의 종결

1945년 7월 미국, 영국, 중국(후에 소련도 참가)은 일본의 항복조건을 결정한 포츠담선언을 발표한다. 8월 9일에 소련이 일소중립조약을 파기하고 만주국을 침공하였고, 8월 14일에는 일본정부가 포츠담선언의 수락을 정식으로 결정했다. 9월 2일 일본은 연합국에 대한 항복문서에 조인하였고 9월 9일에 지나파견군 역시 항복문서에 조인했다. 10월에 국제연합이 발족하자 중화민국은 안전보장이사회 상임이사국으로서 5대국의 일원이 된다.

일본정부가 국내를 향해 '옥음방송(玉音放送)'을 했던 것과 같이 1945년 8월 1일 중국에서도 장제스가 국민들을 향해 라디오 연설을 했다.

중국동포들은 '지난날의 잘못을 묻지 않고' '남에게 선한 일을 하는 것'이 우리 민족 전통의 지극히 높고 귀한 덕성임을 알아야 한다. 우리는 일본의 호전적 군벌만이 적이고 일본의 인민은 적이 아님을 일관되게 밝혀왔다. (…) 우리는 다만 그들이 나치 군벌에게 우롱당하고 괴롭힘을 당했던 것에 대해 연민을 표하고 그들이 착오와 죄악에서 스스로 벗어날 수 있도록 할 뿐이다. 만약 폭행으로 적의 종전의 폭행에 답하고 모욕으로 그들의 종전의 잘못된 우월감에 답한다면 서로 간의 보복이 영원히 끝나지 않을 것이다. 이는 결코 우리 인의지사(仁義之師)의 목적이 아니라는 것을 알아야 한다.(「항전승리에 대해 전국 군민과 세계 인사들에게 보내는 라디오 연설」)

이 연설은 후에 번역되어 일본에서도 출판되었는데 일명 '이덕보원(以德報怨, 원한을 은혜로 갚음)' 연설로 널리 알려졌다.

장제스는 일본의 전쟁 지도자와 일반 국민을 구별하는 전쟁책임이분론의 논리에 기반하여 일본에 대해 비교적 관대한 정책을 취했다. 여기에는 공산당과의 내전 재개에 따라 일본과 협력관계를 새롭게 구축하지 않으면 안 된다고 하는 실용적 판단이 개입되었다. 그 때문에 장제스와 국민당은 다시금 중국 민중의 내셔널리즘 감정을 위로부터 억제하는 방향으로 돌아섰다.

장제스의 조처에 더해 중일전쟁 중에 높아졌던 중국사회의 반일감정이 재류일본인에 대한 보복 형태로 표출되는 경우는 상대적으로 적었다. 이것은 전후의 일본사회가 장제스와 중국에 대해 일정한 감사와 호의를 품게 되는 소지로 작용했는데 그런 점에서 중국외교에 있어서도 긍정적 의미를 지녔다고 할 수 있다. 그러나 다른 한편으로, 이것은 후술하는 배상청구의 방기 문제와 함께 전쟁의 가해책임에 대한 일본사회의 의식을 애매하게 만드는 요인으로 작용하기도 하였다.

국공내전 - 반국민당 여론의 고조

1945년 10월 충칭에서 국민당의 장제스와 공산당의 마오쩌둥에 의한 정전협정(쌍십협정雙十協定)이 체결되면서 국공내전은 일시적으로 정지되게 된다. 1946년 1월에는 충칭에서 정치협상회의가 개최되었는데, 이 회의에서 국공 양당을 비롯해 중국민주동맹 등 중간파도 포함된 연립정권이 구상되었다. 그러나 회의의 결정으로 국민당의 주도권이 제약을 받게 된 데 대해 국민당 내부에서 불만이 높아진다. 결국 그 여파로 공산당과 민주동맹에 대한 탄압이 심화되었고 6월에는 국공내전이 재개되었다.

국공내전은 당초는 병력에서 우세한 국민당 측의 우위가 점쳐졌다. 국민정부는 1947년에 중화민국헌법을 공포·시행하고 보통선거에 의한 국민대표대회선거를 실시했지만 공산당과 상당수의 중간당파는 보이콧으로 대응했다. 1948년에는 국민정부가 '총통부'로 개조되어 사라지고 훈정에서 헌정으로의 이행이 실현

되었다. 그때까지 국민당의 '당군'이었던 국민혁명군도 '중화민
국국군'으로 개조되었다.

그러던 중 1946년 2월에 실시된 경제개방정책에 따라 미국제
품이 대량으로 중국에 유입되면서 국내 산업부흥의 장애와 방대
한 무역적자가 발생하게 된다. 국민당의 이러한 실책은 경제계로
부터 강한 비판을 받았다. 또한 구일본점령지 기업을 접수할 때
정부관료의 부정부패가 횡행하고 물자부족과 내전 군비 확보를
위한 통화 남발로 인해 초인플레이션이 발생하면서 반국민당 여
론은 점차 커져갔다.

대외관계에서 국민정부는 1945년 8월에 구만주국 지역에서의
소련의 이권과 몽골인민공화국의 독립을 승인한 중소우호동맹
조약을 체결했다. 그러나 동조약에 따라 뤼순·다롄의 공동사용
등이 인정되고 소련군이 생산 설비를 마음대로 가지고 갈 수 있
게 되자 중국사회에서 반소감정이 일기도 했다. 1946년 5월 소
련군이 구만주국 지역에서 철병하면서 이때 접수한 일본군의 장
비와 물자가 중국공산당계 부대(내전 중 '중국인민해방군'으로 개칭)
로 인도되었는데 이 역시 국민당 측에 불리한 요소로 작용했다.

미국제품에 의한 국내산업의 압박에 더해 1946년 말 베이핑
(베이징에서 다시 개칭)에서 미군 병사에 의한 여학생 폭행사건이
발생하게 되자 국민당과 미국을 동일시하여 비판하는 여론이
강해졌다. 미국이 유럽과 일본의 부흥을 우선시한 결과 중국에
대한 원조가 상대적으로 소규모에 그쳤던 것 역시 불만의 원인

으로 작용했다.

전후 중국사회에서는 일본과 마찬가지로 전화(戰禍)의 경험으로 말미암은 전쟁에 대한 트라우마가 커졌다. 그에 따라 내전 반대와 민주화를 요구하는 지식인과 민중의 운동도 고조되었다. 내전으로 병사와 식료의 전시 징발이 재개된 것 역시 중일전쟁으로 피폐해져 있던 농촌의 원망 섞인 목소리를 더욱 가중시켰다. 이러한 비판에 강경한 탄압으로 일관한 국민당을 향해 반발이 더욱 거세지는 악순환이 초래되었다.

중화인민공화국의 성립

한편, 공산당은 지주와 '한간'(전쟁 중의 대일협력자)으로 여겨진 사람들로부터 토지를 몰수하여 소농, 빈농에게 토지를 분배하는 토지개혁 등의 정책이 일정한 지지를 받으면서 점차 세력을 확대해나갔다. 그리고 1948년 동삼성과 화베이의 전역에서 승리하여 국민당 측으로부터 대량의 투항자가 발생하면서 내전의 추세가 역전된다.

공산당은 국민당을 '주요 적'으로 삼고 중간당파와 연합하는 통일전선노선을 취했다. 그로 인해 당장은 사회주의가 아니라 제 계급의 연합에 의한 '신민주주의' 혹은 '인민민주주의'를 지향하고 국민당정권에 불만을 가지고 있던 민중과 민주동맹 등 중간파의 지지도 획득했다. 공산당의 내전 승리는 사회주의 자체에 대한 지지라기보다도 국민당에 대한 불만, 그리고 중국의 통일과 발전이라고 하는 내셔널리즘에 기반한 요구를 공산당이 더 잘 달성할 수 있을 것이라는 기대에 따른 것이었다.

그림 4-1. 중화인민공화국 개국대전(1949년 10월 1일, 『중국공산당70년도집』)

공산당은 1949년 9월에 베이징(베이핑에서 다시 개칭)에서 중국인민정치협상회의를 개최하고 10월 1일에 마오쩌둥을 주석으로, 저우언라이를 총리 겸 외교부장으로 하는 중화인민공화국(中華人民共和國)의 성립을 선언했다. 이날은 종래의 10월 10일을 대체하는 새로운 국경일이 되었다. 새롭게 디자인된 '오성홍기'가 국기로 채용되었고, "국가를 정식으로 결정하기 전에는 의용군진행곡을 국가로 한다"고 결정되었다.

국민당은 대만 이외의 지배지역을 대부분 상실한 채로 1949년 12월에 정부를 타이베이(臺北)로 이전하고 중화민국을 존속시켰다. 소련과 동유럽 국가들은 중화인민공화국을, 미국과 서유럽 국가들은 잇따라 대만의 중화민국을 승인했다.(다만 영국은 1950년에 중화인민공화국을 승인함) 국제연맹에서도 어느 쪽이 정식

중국 내셔널리즘

중국정부인가라고 하는 대표권 문제가 발생했다. 당시 고조되고 있던 동서냉전과 미소대립은 중국의 내전의 귀추에도 크게 영향을 미쳤다.

사회주의와 애국주의

한국전쟁 참전

　3장에서 서술한 것처럼 중국공산당은 '민족주의'를 부르주아 사회의 것으로 부정하는 한편, '애국주의'는 프롤레타리아 국제주의와 모순되지 않는다고 규정했다. 1948년 코민포름(소련·동유럽사회주의국가 간의 연락조직)이 프롤레타리아 국제조직을 위반하고 부르주아 민족주의적이라고 하는 이유로 유고슬라비아의 추방을 결정하자 중국공산당도 전면적인 동의를 표명했다. 중화인민공화국 성립 후인 1950년 2월에는 '일본과 그 동맹국(미국)'을 가상적으로 하는 중소우호동맹상호원조조약(中蘇友好同盟相互援助條約)이 체결되었고 철저한 프롤레타리아 국제주의(실질적으로는 친소) 노선을 취했다.

　그러나 실제로는 '조국의 통일과 민족의 단결'을 기치로 개개인에게 국가에 대한 충성을 강력하게 요구하고, 주권에 대한 외부로부터의 개입에 강하게 반발하며, 대만을 포함하여 마땅한 중국 영토의 회복을 국가목표로 내걸었다는 점에서 중화인민공화국의 '애국주의'는 청말·중화민국 시기의 '민족주의'와도 강한 연속성을 지녔다. 중소우호동맹상호원조조약이 상호 국가주권의 존중을 내걸었지만 실제로는 소련이 신장에서의 자원 개발권과 뤼순·다롄의 조차를 계속 요구했던 것도 주권문제에 민감한 중국 측의 불만을 야기했다.

한국전쟁은 중화인민공화국 성립 후 애국주의가 처음으로 중국사회에서 크게 다뤄지는 계기가 되었다.

1950년 6월 북한이 한반도의 통일을 목표로 남한을 침공했다. 북한군은 한때는 부산을 제외한 한국 전역을 점령했지만 미군을 중심으로 한 연합군이 인천상륙작전에 성공하면서 전세가 역전되었다. 그러나 연합군이 북한 영내에까지 침공하여 북한과 중국 국경까지 접근해 가자 중국은 인민해방군을 '인민지원군(의용군)'으로 파견하여 참전하게 된다. 중국의 이러한 결정에는 미국이 자국 영토까지 침공하는 것이 아닌가라는 강한 위기감이 깔려 있었다. 의용군이라는 형식을 취했던 것 역시 미국에 중국 본토 공격에 대한 구실을 주지 않으려 했기 때문이었다.

중국의 참전에 따라 남북의 전선은 북위 38도 부근에서 교착하였고 1953년에 휴전협정이 체결되었다. 한편, 대만 진공을 위한 부대가 한국전쟁으로 전용되고 미국이 대만해협에 함대를 파견하는 등의 변수로 인해 중화인민공화국에 의한 대만의 '해방'은 불가능해져, 해협을 사이에 둔 국공 간의 대치가 고착화되었다.

애국공약운동과 대미감정

그림 4-2. 항미원조운동(『중국공산당70년도집』)

한국전쟁 시기 중국정부는 반미 선전과 군에 대한 지원, 기부 모집 등 대규모 '항미원조(抗美援朝, 미국에 저항하고 조선을 원조한다)'운동을 벌였다. 또한 건국 직후 정권의 동요를 막고 국내를 단결시키고 외적에 맞서기 위해 '애국'을 내세운 다양한 대중운동을 전개했다.

예를 들어 도시의 상공업자 단체 사이에서는 "항미원조·조국방위에 대한 협력", "미국과 국민당의 선전 거부"와 같은 '애국'적 행위에 진력할 것을 촉구하는 '애국공약운동(愛國公約運動)'이 전개되었다. 공약 이행 여부는 말단 공산당조직에 의해 정기적으로 점검되었다. 그 결과 애국공약운동은 아래로부터의 자발성과 위로부터의 지도라고 하는 양면성을 지니게 되었고 점차 후자의 성격이 강화되었다.

이러한 방법은 이후 공산당의 정치운동에서도 답습되었다. 1952년에는 '애국농산경새운동(愛國農産競賽運動)'과 '애국위생운동'이라고 이름 붙여진 전국의 농업생산 확대와 위생환경 개선을 목표로 한 대중운동이 개시되었다. 공산당은 집회, 좌담회, 전람회, 각종 출판물, 영화, 라디오, 연극과 같은 여러 수단을 통해 민중에 대한 선전 및 동원을 행하면서 민중의 '자발성의 환기'를 도모했다.

한국전쟁은 건국 직후의 중화인민공화국이 초대국(超大國)인 미국과 교전한 전쟁이었고 중국은 커다란 인적, 경제적 손실을 입게 되었다. 대외적 위기에 직면한 중국정부의 이데올로기 전략에서 애국주의에 의한 인민의 단결은 가장 중요한 과제였다.(「마오쩌둥시대의 '애국' 이데올로기와 대중동원」)

청말 이래 중국사회에는 일관되게 미국에 대한 호의적 여론이 존재했다. 미국은 중일전쟁의 동맹국이기도 했다. 그러나 국공내전과 한국전쟁을 거치면서 미국은 최대의 제국주의국이자 대만의 국민당정권의 후원자로서, 공산당정권과 중국 내셔널리즘의 '주요 적'으로 위치하게 되었다. 다만 라디오방송 '미국의 소리(Voice of America)' 등을 통한 '미국의 악선전의 거부'가 반복적으로 호소되었던 것은 역설적으로 중국사회에 뿌리 깊은 친미 감정을 잘 보여주는 것이었다.

대일정책 – '이분론'의 선택

한국전쟁 시기 미국 점령하에 있던 일본에서는 경찰예비대(警察予備隊, 자위대의 전신)가 조직되었다. 이에 중국의 애국운동의 슬로건에는 1951년경부터의 미국에 의한 일본의 재군비에 반대한다고 하는 내용이 포함되었다. 중일전쟁의 기억이 아직 생생한 가운데 이러한 호소는 민중의 감정을 강하게 격동시켰다.

한국전쟁은 동아시아에 냉전의 영향을 강하게 파급시키는 계기가 되었다. 중국대륙과 서양국가들 간의 국교는 단절되었고 미국의 중국 봉쇄정책으로 무역과 사람의 이동도 크게 제한되었다. 1951년에는 샌프란시스코 강화회의가 개최되었는데 소련 등 동구권 국가들은 조약 조인에 거부했고 중화인민공화국과 중화민국은 모두 회의에 초청되지 않았다. 다음 해인 1952년에 강화조약이 발효되어 일본이 독립을 회복하는 동시에 미일안전보장조약이 발효되었고, 일본은 대만의 중화민국과 일화평화조약을 체결했다. 일본의 부흥을 우선시하는 미국의 방침에 따라 중화민국은 배상청구권을 포기했다. 이러한 조처에 대해 중화인민공화국 측은 강하게 반발했다.

그러나 일본에 대한 중국정부의 대응은 미국에 대한 대응과는 달랐는데, 미국에는 비타협적 태도를 취한 반면 경제관계의 부활과 기술원조의 필요성에 따라 일본과의 관계에서는 교섭의 가능성을 남겨놓았던 것이다. 그 때문에 공산당정권도 실질적으로 장제스의 '이분론'과 같은 입장을 취했다. 일본의 지도자층과 일반 국민을 구별하는 선상에서 전쟁 책임은 전적으로 전자에 있는 것으로 간주하고 후자와의 접촉을 진행했던 것이다. 1952년에는 제1차 중일민간무역협정이 체결되었고 정부 간 교섭이 부재한 상태에서 '민간' 교류가 개시되었다. 이 '민간무역'은 규모는 크지 않았지만 이후에도 중일 간의 파이프로 유지되었다.

이처럼 중일전쟁과 국공내전의 경험으로부터 '주요 적' 이외의 세력에 대해서는 일정하게 양보를 하는 등 통일전선의 구축을 목표로 하는 방법이 마오쩌둥시대의 중국외교의 기본방침이 된다.

그 연장선상에서 역사교육에서도 중화인민공화국 초기의 역사교과서에서는 중일전쟁에 대한 기술이 매우 간략하게 이뤄졌다. 예컨대 일본군의 폭력적이고 잔혹한 행위를 포함한 화제는 대부분 다뤄지지 않았고, 비판의 대상으로 더욱 강조되었던 것은 당면한 '주요 적'인 국민당의 무능, 적폐와 같은 문제였다.(「시대와 함께 변화해온 항일전쟁상」)

'국민'에서 '인민'으로

공산당이 통치하는 중화인민공화국하에서는 국가의 구성요소에 대해 중화민국기와는 다른 설명이 이뤄졌다. 그중 가장 두드러진 것이 국명에도 포함된 '인민'이라고 하는 개념이다. 중화인민공화국 성립 직전 잠정헌법에 해당하는 중국인민정치협상회의공동강령을 기초한 저우언라이는 다음과 같이 설명했다.

그림 4-3. 저우언라이(1898~1976)
저장성 출신. 국공합작기에 황푸군관학교 정치부 주임을 맡았다. 마오쩌둥의 신임을 얻어 중화인민공화국에서 총리를 맡았고 많은 정치가들이 실각하는 가운데 죽을 때까지 재직했다.(요미우리신문사)

하나 설명해야 할 개념정의는 '인민'과 '국민'에는 구별이 있다고 하는 것이다. '인민'은 노동자계급, 농민계급, 소자산계급, 민족자산계급 및 반동계급에서 자각한 일부 애국민주분자이다. 관료자산계급은 그 재산을 몰수한 후에, 지주계급은 그 토지를 분배한 후에, 소극적으로는 그들 가운데 반동적 활동을 엄격히 단속하고, 적극적으로는 그들에게 더 많은 노동을 하게 하여 그들을 새롭게 개조시키지 않으면 안 된다. 변화 이전에는 그들은 인민의 범위에 포함되지 않지만 중국의 일국민이기 때문에, 당장 그들에게 인민의 권리를 향유토록 할 수는 없지만 역으로 국민의 의무는 준수하도록 해야 한다.(「인민정치협상회의공동강령 초안의 특징」, 1949년 9월)

중화인민공화국에서는 '국민'(혹은 '공민')보다는 사회주의적 계급개념에 기반한 '인민'이 중시되었다. 국적을 가진 자는 일률적으로 '국민'이지만 '국민' 가운데 '인민'과 그 적이 존재함을 의미한다. 무엇보다도 중화인민공화국이 '국민'이라고 하는 단어의 사용을 피했던 것은 중국국민당과의 적대관계가 계속되고 있었던 사정이 반영된 것으로 볼 수 있다.

그러나 누가 '인민'인가, 누가 '인민의 적'인가를 규정하기란 매우 애매할 수밖에 없다. 이것을 어떻게 판별하는가의 문제와 관련하여 마오쩌둥은 다음과 같이 언급했다.

우선 누가 인민이고 누가 적인가를 확실히 해야 한다. 인민이라고 하는 개념은 다른 국가 혹은 각 국가의 다른 역사 시기마다 다른 내용을 지닌다. 우리의 상황에 입각해 보자면, 항일전쟁기에는 항일 계급, 계층 및 사회집단은 모두 인민의 범위에 포함되고 일본제국주의, 한간, 친일파는 인민의 적이었다. 해방전쟁[국공내전]기에는 미국제국주의와 그 주구, 다시 말해 관료자산계급, 지주계급과 그들의 계급을 대표하는 국민당반동파가 인민의 적이었다. 이들 적에 반대하는 계급, 계층과 사회집단은 모두 인민의 범위에 포함된다. 현 단계인 사회주의건설기에는 사회주의건설사업에 찬성, 옹호하고 참여하는 계급, 계층과 사회집단 모두가 인민의 범위에 포함된다. 사회주의혁명에 반항하고 사회주의건설을 적시하고 파괴하는 사회세력과 사회집단은 모두 인민의 적이 다.(「인민내부의 모순을 정확히 처리하는 문제에 관하여」, 1957년 2월)

요컨대 누가 '인민'이고 누가 '인민의 적'인가는 그 당시 상황에 따라 공산당이 결정하게 되는 것이다. 중화인민공화국 성립 후 공산당이 국내 반대세력을 제압하고자 할 때 채용했던 것이 바로 이 이론이다.

기층사회에의 권력 침투

1950년에 한국전쟁이 발발하자 공산당은 반혁명진압운동을 추진했다. 비한인 에스닉집단의 거주 지역을 포함하여 미국, 국민당과 결탁하여 스파이행위와 정권 전복을 기도했다고 여겨진 자, 반정부활동의 가능성이 있는 민간무장조직 등을 무력으로 소탕했던 것이다. 이 과정에서 공산당의 권력이 지역사회에까지 미치게 되었는데, 진압의 대상이 된 측의 격렬한 저항으로 공산당도 유혈 희생을 피할 수 없었다.

이러한 경험은 공산당의 지역사회에 대한 경계심과 불신을 강화시켰고 농촌에 뿌리 내린 전통적 비밀결사 및 종교결사의 일소, 종족(宗族) 등 자생적 네트워크의 단절, 공산당에 의한 일원적 관리와 감시가 행해졌다. 앞서 설명한 것처럼 공산당은 중일전쟁기에는 부분적으로 전통적 민속문화를 선전에 수용하는 방

식으로 이용하기도 했지만 정권 획득 후에는 전통적 요소 일반
을 탄압하는 방향으로 방침을 전환했던 것이다.

1951년에는 한국전쟁의 여파에 따른 재정위기로 부정부패·낭
비·관료주의에 대한 단속이 개시되었다. 또한 대중운동과 밀고
에 의해 증뢰(贈賂)·탈세·정보 누설·날림공사·공공재 절도를
범했다고 간주된 민간기업의 적발이 이뤄졌다.(삼반三反·오반五反
운동)

공산당이 이러한 캠페인을 대대적으로 전개할 수 있었던 이유
는 중일전쟁, 국공내전기에 전시징발 회피로 재산을 축적한 부자
에 대한 적대적 감정이 중국사회에 만연해 있었기 때문이다.

건국 초기에 행해진 토지개혁 시기에도 표적이 된 지주가 대중
집회 장소에 끌려나와 농민에 의해 자신의 죄상을 많은 사람들
앞에서 고발당하는 식으로 참가자들의 적의와 보복 감정을 부채
질하는 '민의(民意)' 조작 방법이 사용되었다.(『중화인민공화국 탄생
의 사회사』) 그러나 이러한 법적 수속을 거치지 않은 대중운동에
의한 고발 형식은 당연하게도 대량의 억울한 누명도 초래했다.

1954년에는 중화인민공화국헌법이 공포되었다. 스탈린의 영
향하에서 기존의 '신민주주의'를 대신하여 급속한 사회주의화가
선언되고 소련을 모델로 한 기업의 국영화와 농업집단화가 강행
되었다.

공산당은 건국 이후 지식인들에게 '사상개조'를 부과하여 자기
비판과 토지개혁에 참여하도록 했고 중화민국기의 학술과 사상

을 부정했다. 1956년에는 '백화제방(百花齊放), 백가쟁명(百家爭鳴)'을 내걸고 학생과 지식인에게 자유로운 논의의 장을 제공하는 듯 보였지만, 공산당에 대한 불만이 예상을 넘어 분출하자, 다음 해인 1957년 일변하여 반우파투쟁을 개시하여 비판적 발언을 한 학생과 지식인을 철저하게 탄압했다.

이러한 조처들은 지주, 자본가, '한간', 친미파, 구(舊)국민당 관계자, 전통적 종교결사, 비판적 지식인 등 공산당이 규정한 '인민의 적'의 배제운동에 참여하는 것으로, 사람들로 하여금 스스로가 '인민'의 측에 서 있음을 증명하고 공산당·중화인민공화국에 대한 충성을 표명하게 하기 위한 것이었다.

공산당은 대중노선이라 불리는 이러한 방법을 통해 전례 없는 규모로 기층사회를 정책 수행 과정에 동원할 수 있게 되었다. 그때까지의 모든 정권이 기층사회에까지 그 권력을 미칠 수 없었던 것을 생각하면, 한정적이었다 할지라도 그것을 달성했던 공산당정권은 중국 역사 전체를 통틀어 보아도 획기적이었다. 이를 바꿔 말하면 청말에서 중화민국기까지의 경우처럼 지식인과 사회단체, 민중이 정부와는 다른 견해를 가진 독자적 행위자로서 활동할 여지는 대폭 협소해졌다.

중국의 다민족성과 '소수민족'의 인정

신장의 동투르키스탄공화국은 일본 패전 후 국민당정권과의 관계개선을 도모했던 소련이 지지를 철회하면서 1946년에 해산되었고 후속 정권도 중국공산당과의 교섭을 거쳐 그 통치하에 들어갔다. 내몽골에서도 1920년대 후반에 활동했던 내몽골인민혁명당이 재결성되어 몽골인민공화국 합류운동을 전개했지만 최종적으로 인민혁명당은 해산되었고 1947년에 내몽골자치정부가 조직되어 이내 중국공산당의 통치를 받았다. 1951년에 티베트에도 중국인민해방군이 진주했다.

이렇게 중화인민공화국 또한 청말에서 중화민국에 걸쳐 '중국'으로 간주되었던 영토를 대부분 자신의 통치 아래 두었다. 그렇다면 중화인민공화국의 구성요소 가운데 이들 지역의 '민족' 문제는 어떻게 위치되었는가?

앞서 언급한 「중국인민정치협상회의공동강령」에서는 중국 국내 민족에 관해 다음과 같이 규정했다.

중화인민공화국 영내의 각 민족은 일률 평등하고 단결 호조를 실행하며 제국주의와 각 민족 내부의 인민의 공적(公敵)에 반대하고 중화인민공화국을 각 민족의 우애합작의 대가정(大家庭)으로 삼는다. 대민족주의나 배타적 민족주의에 반대하며 민족 간 차별, 억압 및 각 민족의 단결을 분열시키는 행위를 금지한다.(「중국인민정치협상회의공동강령」, 1949년 9월)

중화인민공화국 성립 이후 중화민족이라고 하는 단어의 사용

그림 4-4. 중화인민공화국
『시리즈중국근현대사④ 사회주의로의 도전 1945~1971』(久保亨, 岩波書店, 2011)에 근거하여 작성함.

이 감소했고 '민족'이라고 말하는 경우는 대체로 중국 내 각 민족을 지시했다. 중국은 다민족국가라고 규정되었다. '대민족주의'는 한인에 의한 다른 민족의 억압, '배타적 민족주의'는 비한인 에스닉집단의 '분열' 지향을 비판하는 말이다.

이러한 규정에 기초하여 1952년에는 민족구역자치실시강요(民族區域自治實施綱要)가 공포되어 '소수민족'이 집주하는 지역에 자치구, 자치주, 자치현의 설치를 결정했다.

또한 다음 해인 1953년 시행된 제1차 인구조사에 즈음하여

'민족식별공작(民族識別工作)'이 개시되었다. 이 민족식별공작은 전국인민대표대회 개최 준비로서, "공통 언어, 지역, 경제생활 및 문화에 바탕을 두고 공통된 심리상태를 지닌, 역사적으로 구성된 사람들의 견고한 공동체"라고 하는 스탈린의 민족정의를 기본적인 기준으로 삼아 '소수민족'을 법적으로 인정하는 작업이었다. 1964년의 인구조사에 이르러 54개의 '소수민족'이 인정을 받았고 문혁 후인 1979년에 윈난성의 지눠족이 추가되어 현재 중국은 한족과 55개의 '소수민족'으로 구성된 국가가 되었다.

물론 현실적으로 민족을 객관적으로 식별하는 것 자체가 불가능하고 '소수민족'의 인정은 이론적 문제라기보다는 정책 수행상의 필요에 따른 편의적 성격을 가지고 있다. 때문에 자신을 독자적 민족이라고 주장하는 집단이 '소수민족'으로 인정되지 않거나 반대로 위로부터 '소수민족'으로 인정되어 새롭게 정체성이 형성되는 경우도 존재했다.

제한된 자치와 '통일'의 강조

1954년에 공포된 「중화인민공화국헌법」에도 다음과 같은 규정을 두었다.

중화인민공화국은 통일된 다민족국가이다. 각 민족은 일률적으로 평등하다. 어떤 민족에 대한 차별과 억압도 금지하며 각 민족의 단결을 파괴하는 행위를 금지한다. 각 민족은 모두 자신의 언어·문자를 사용하고 발전시킬 자유를 가지고 자신의 풍속·습관을 유지 또는 개혁할 자유를 가진다. 각 소수민족의 거주 지역은 구역자치를 실행한다. 각 민족의 자치지방은 모두 중화인민공화국의 불가결한 일부분이다.(「중화인민공화국헌법」, 1954년 9월)

이에 따라 1960년대에 걸쳐 국민당정부 시대의 러허, 티베트, 쑤이위안, 닝샤성 북부 등이 내몽골자치구(內蒙古自治區)로, 신장성이 신장위구르자치구(新疆維吾爾自治區)로, 광시성이 광시좡족자치구(廣西壯族自治區)로, 닝샤성 남부가 닝샤후이족자치구(寧夏回族自治區)로, 티베트와 시캉성 서부가 티베트자치구(西藏自治區)로 개편되었다.

이러한 국가의 다민족성을 전제로 한 정책은 소련을 모델로 삼은 것으로, 전적으로 중화민족의 균일성을 강조하고 비한인 에스닉집단의 독자성을 부정했던 국민당정권기와는 달랐다.

그러나 소련이 연방제를 채용하고 연방을 구성하는 각 민족의 공화국에 (실제로 권리행사가 가능한가 여부와는 별개로) 분리독립권을 인정하고 있었던 것과 달리, 중화인민공화국은 연방제와 분리권을 인정하지 않고 일관되게 '통일'을 강조했다. 중일전쟁기의 경험으로 인해 비한인 에스닉집단의 '배타적 민족주의'에 대한 견고한 경계심이 있었기 때문이다.

중국 내셔널리즘

그 때문에 '자치'라고 해도 그 범위는 주로 문화적인 측면에 한정되었고 자치구의 정치적 권한은 매우 한정적이었다. 더욱이 신장의 생산건설병단(生産建設兵團) 등 '지변(支邊, 변경의 건설을 지지함)'이라는 명목하에 국경에 위치한 자치구에 방위와 개간, 자원개발을 목적으로 한 한인의 대량 이주가 추진되면서 '소수민족'과의 마찰이 심화되었다.

1957년의 반우파투쟁 시기에 신장의 '지방민족주의'를 비판하는 캠페인이 전개되고 티베트와 칭하이성에서 종교지도자의 특권이 폐지되었던 것 역시 현지사회의 강한 반발을 초래했다.(『주변으로부터의 중국』) 이처럼 공산당정권의 비한인 에스닉집단 거주지역에 대한 정책은 실질적인 면에서는 국민당정권기와의 연속성도 강했다.

국제적 고립과 '애국주의 교육'의 등장

1956년 소련 제1서기 니키타 흐루쇼프(Nikita Khrushchyov)가 스탈린시대의 실태를 폭로, 비판하고 노선 변경을 표명했다. 이것은 종래 소련을 모델로 삼았던 사회주의 국가들에게 큰 충격을 안겼다. 그 영향으로 헝가리에서 사회주의화를 재검토하는 움직임이 발생하자 소련은 헝가리에 무력 개입하여 그것을 저지했고, 이러한 소련의 국가주의적 침범 사태에 대해 중국은 강한 경계심을 품게 되었다.

흐루쇼프가 미국과의 평화공존 노선으로 선회했던 것 역시 대미전을 불가피하게 여기고 있던 마오쩌둥으로서는 받아들일 수 없는 것이었다. 이처럼 표면적으로는 우호관계를 내걸면서도 중소 간 갈등의 골은 점차 깊어지고 있었다. 반우파투쟁은 이러한 국제정세에 대한 국내의 동요를 단단히 죄는 의미도 있었다. 1958년에는 인민해방군이 국민당정권 지배하에 있던 진먼다오(金門島)를 포격했고 미중 간에도 군사적 긴장이 고조되었다.

앞서 설명한 '소수민족' 정책에 대한 반발로 1959년에 티베트에서 대규모의 독립운동이 발생하자 중국정부는 강경한 무력탄압으로 대응했다. 티베트를 도망친 달라이 라마 14세는 인도에서 망명정권을 조직했다. 중국은 1954년에 인도와 주권, 영토의 상호 존중을 내건 '평화5원칙'을 발표했다. 그러나 이 사건 이후 중국과 인도의 관계도 급속히 악화되었다.

1960년에는 소련이 중국에 대한 과학기술 원조를 중단하고 기술자들을 전부 철수시켰으며, 1962년에는 중국과 인도의 대립이 심화되어 국경 부근에서 대규모 군사충돌이 발생하는 지경까지 이르렀다. 소련이 인도 측을 원조하면서 중소관계도 더욱 악화되었다.

1963년경에는 중소 대립이 공공연한 사실이 되었다. 중국 측은 소련을 '대국쇼비니즘', '수정주의', '사회제국주의'라고 비판했지만 대부분의 사회주의국가들은 소련을 지지하는 입장을 취했다. 고립된 중국은 독자적으로 핵개발을 추진하고 1964년에는 신장에서 핵실험을 실시했다. 같은 해, 미국과 소련의 침공에 대비하기 위해 내륙지역에 군수공업기지를 건설하는 '삼선건설(三線建設)'이 개시되었다.

이처럼 국제적 고립이 심화되는 가운데 다시 민중의 대외적 위기감을 부채질하고 '애국'에 호소하여 군사건설을 포함한 정책에 동원하는 방법이 강구되었다. 1956년에 교육부가 반포한 중국역사교학대강(中國歷史敎學大綱, 교학대강은 일본의 학습지도요령에 해당함)은 처음으로 '애국주의 교육'이라고 하는 말을 사용했다. 1963년 개정된 대강에서는 역사학습의 목표로서 학생들로 하여금 마오쩌둥, 중국공산당과 조국을 열애하게 만들어야 한다는 점을 명기했다.(「시대와 함께 변화해온 항일전쟁상」)

문화대혁명의 개시

1964년에 흐루쇼프가 실각하자 중국은 미국과 소련이라는 2대 초대국에 끼어 있는 아시아, 아프리카, 유럽의 '중간지대' 국가들과의 관계개선을 도모하는 외교방칙을 취했다. 그런데 이러한 움직임을 일전(一轉)시켰던 것이 문화대혁명이다.

마오쩌둥은 1958년에 시작된 대약진정책 실패 후, 국가주석직을 사임했다. 이에 마오쩌둥이 권력을 다시 탈환하기 위해 1966년에 개시했던 것이 '프롤레타리아 문화대혁명'이다. 전국의 학교에서 '홍위병'이 조직되었고 '대자보'(벽신문)를 통해 류사오치와 덩샤오핑 등 당내 다수파를 '자본주의의 길을 걷는 실권파'라고 비판하는 캠페인이 시작되었다.

마오쩌둥의 권위를 방패로 삼은 문혁파는 각 도시에서 주도권을 장악했다. 급진화된 홍위병은 봉건적, 자본주의적이라고 간주된 사물을 철저하게 파괴하고, 권위적이라고 여겨진 지식인과 당 간부를 집회에 끌고 나와 신체적, 정신적인 박해를 가했다. 그로부터 발생한 사상자 및 문화재 피해규모는 방대했다. 홍위병 내에서도 파벌투쟁과 무력충돌이 반복되었고 많은 사상자를 냈다.

철저한 부르주아 민족주의의 부정, 봉건적 전통문화의 부정이라는 문혁의 기조는 국내 '소수민족'에게도 상당한 영향을 미쳤다. "민족문제는 실질적으로는 계급문제이다", "민족의 특징 및

그림 4-5. 문혁기의 마오쩌둥 숭배(하얼빈, 1966년 8월, 『도편중국백년사』)

격차를 과장하는 것은 잘못된 민족특수론이다"라는 이론적 기치가 높이 들어 올려졌고 '소수민족' 정책은 실질적으로 정지되었다. 그 결과 '소수민족'의 한인으로의 동화·통합정책이 국민당 정권기보다 더 강도 높게 실시되었다.

유목민에 대해 정주와 농업으로의 전환을 강요하는 등 현지 사정을 고려하지 않은 정책이 강행되었고 경제가 파탄나고 자연 파괴가 초래되었다. 또한 비한인 에스닉집단의 지도자와 지식인들에 대한 박해, 종교시설 및 전통문화의 파괴로 인해 반한인 감정이 더욱 악화되어갔다. 내몽골의 경우에는 내몽골인민혁명당을 재결성하고 중국으로부터 독립을 기도했다는 억울한 죄를 뒤집어쓰고 많은 몽골인이 박해, 살해당하는 사건도 발생했다.

부정된 전통문화를 대체하여 중국을 상징하는 위치를 점했던 것은 바로 마오쩌둥 자신이었다. 1954년에 완성된 천안문광장에는 마오쩌둥의 거대한 초상화가 내걸렸고 전국에서 모인 방대한 홍위병이 마오쩌둥의 열병(閱兵)을 받았다. 마오쩌둥의 도상(圖像)은 대중집회와 시위 등 모든 선전 장소에서 대대적으로 사용되었다. 학교 교실에도 마오쩌둥의 초상이 걸렸고 학교와 직장에서의 마오쩌둥사상학습도 일반화되었다.

'의용군진행곡'의 작사가 톈한이 비판을 받게 되면서 그 곡을 대체하여 마오쩌둥을 칭송하는 '동방홍(東方紅)'이 실질적 국가로 사용되었다. 각지에 마오쩌둥동상이 세워졌고 마오쩌둥배지를 달고『마오쩌둥어록』을 낭독하는 것이 마오쩌둥에 대한 충성의 표시로 확산되었다. 또한 중화민국기의 상업광고와 소련의 사회주의리얼리즘을 본따 마오쩌둥양식이라고 불리는 선전예술 양식이 만들어졌다. 월분패(月份牌, 달력·포스터)와 〈백모녀(白毛女)〉, 〈홍색낭자군(紅色娘子軍)〉 등과 같은 양판희(樣板戲, 혁명모범극), 영화를 비롯하여 지폐와 우표 등 모든 것들이 정치선전 매체로서 이용되었다.(『중국의 프로파간다예술』)

지도자의 이미지 자체를 국가에 대한 충성의 상징으로 삼는 방법은 국민혁명기에 쑨원상(孫文像)이 이용된 이래 일관되게 행해져온 것이었지만, 그것이 이렇게까지 열광적으로 받아들여진 것은 마오쩌둥 자신의 카리스마와 함께 공산당이 축적해온 선전, 동원 수법의 교묘함을 잘 보여주는 것이기도 했다.

문혁과 애국주의

문혁 시기에 중국대사관이 주재국에서 공공연히 마오쩌둥사상과 반소·반미 선전을 행하면서 현지국에 거주하는 화교, 화인 및 유학생들의 내셔널리즘 감정을 강하게 자극했다. 그들이 전개한 과격한 선전활동은 현지 정부, 사회와의 마찰과 충돌을 초래했다. 일례로 모스크바에서 중국인 유학생과 관료 간에 유혈충돌 사건이 일어나자 그 보복으로 베이징의 소련대사관이 홍위병의 항의 시위로 포위되기도 했다.

중일전쟁 중에는 해외 화교, 화인 사이에서도 중국 내셔널리즘이 고조되어 본국에 대한 귀속의식이 매우 강했다. 문혁이 시작되자 중국정부는 동남아시아의 화교, 화인에게 마오쩌둥사상을 선전하고 현지국의 공산당을 원조하는 등의 '혁명의 수출'을 도모했다.

인도네시아의 수하르토정권은 1965년에 발생한 쿠데타 미수(9·30사건)에 대한 중국의 관여 정황을 의심하여 반공·반화인정책을 취했다. 베이징에서는 이에 항의하는 대규모의 시위가 전개되었고 1967년 양국은 국교를 단절한다. 비슷한 경위로 중국과 버마의 관계도 악화되어 국교단절에 이르렀다. 이것은 서양의 식민지배에서 독립하여 새로운 국가를 건설하는 과정에서 고양된 동남아시아 각지의 내셔널리즘과, 그들 국가들에 거주하면서 중국에도 귀속의식을 가지고 있던 화인 내셔널리즘과의 충돌이기도 했다.

1966년 12월, 포르투갈령 마카오에서도 중국계 학교의 교사(校舍) 건설문제가 꼬이면서 현지주민에 의한 반포르투갈운동이 발생했고 당국의 탄압으로 다수의 사상자를 냈다. 가까운 광저우에서 대규모 항의집회가 열렸고, 홍콩의 중국계 신문과 출판사도 '마카오 동포의 애국주의투쟁'에 대해 지지를 표명했다.

목하 마카오 애국동포들의 목전의 임무는 마오 주석의 저작을 활학활용(活學活用)하는 대중적 운동을 더욱 널리 깊이 전개하는 것이다. 더 나아가, 많은 동포들로 하여금 마오쩌둥사상으로 자기를 무장시켜, 위대한 영수 마오 주석을 사랑하고 사회주의 조국을 사랑하는 철저한 애국주의사상을 수립하고 철저한 애국주의자가 되게 하는 데 있다.(『마오쩌둥 사상의 빛나는 승리』, 1967년 4월)

이처럼 중국정부의 재외 화교, 화인에 대한 선전 가운데 문혁에 대한 지지와 마오쩌둥 숭배 그리고 애국주의는 일체가 되었다.

1967년 5월에는 홍콩에서도 노동쟁의로 촉발된 반영폭동이 일어나 다수의 사상자가 발생했다. 그에 따라 중영 간 대립이 심화되어 홍콩의 중국계 신문들이 발행정지 처분을 받자 그 보복으로 홍위병이 베이징의 영국 대리 대사관의 사무소를 방화하는 사건이 발생하기도 했다.

1968년에는 '프라하의 봄'이라고 불린 체코슬로바키아의 민주화운동에 소련이 군사적으로 개입하였는데, 사회주의권의 방위를 위해서는 각국의 주권이 제한되는 경우도 있을 수 있다고 하는 '제한주권론'(브레즈네프 독트린)으로 그것을 정당화했다. 이 이론은 주권문제에 민감한 중국에게는 받아들여지지 않았다. 다음 해인 1969년에는 우수리강의 전바오다오(珍寶島, 다만스키섬)에서 발생한 경비부대 간 충돌을 계기로 중소국경지역에서 무력충돌이 발생하게 되면서 중소 간의 긴장은 더욱 고조되었다. 한편, 문혁 중에도 핵병기 및 로켓과 같은 군사기술의 개발은 예외적으로 추진되었는데, 1967년에는 수소폭탄실험, 1970년에는 인공위성 발사가 실시되었다.

문혁기에는 사회의 단결보다는 계급투쟁이 강조되었기 때문에 공산당의 이데올로기 전략 가운데 '애국'의 중요성은 상대적으로 저하되었다. 그러나 이 시기에도 '반제국주의'와 '반수정주의'라는 이름하에 마오쩌둥·공산당·중화인민공화국에 대한 충성이 개개인에게 요구되었던 것은 분명하다. 미국, 소련, 인도와의 군사적 긴장이 높아지는 가운데 도시부에서도 군사교련과 핵전쟁에 대비한 방공호 파기에 사람들이 동원되었다. 재외 화인에 대한 선전의 경우 보다 명확하게 '애국' 감정에 호소하는 방법이 구사된 것은 앞서 설명한 대로이다.

문혁의 수습과 서방 측과의 긴장 완화

권력 탈환 후의 마오쩌둥은 자신의 의도를 넘어 과열된 문혁에 대해 냉담한 태도를 취했다. 중국사회에도 문혁에 대한 부정적 견해가 점차 확산되었다. 결과적으로 1968년에 인민해방군이 각 학교에 진주하여 홍위병을 무력진압하고 농민으로부터 배우자는 명목으로 대량의 학생을 농촌으로 '하방(下放)'시키는 방식으로 질서가 회복되었다. 이후 사실상의 군정이 실시되면서 문혁은 수습 국면을 향해갔다.

중국의 국제적 고립, 그리고 인접한 일본, 홍콩, 대만, 한국 등지와 비교하여 뒤떨어진 경제발전으로 인해 공산당 내에서도 위기감이 점차 고조되었다. 이 가운데 발생한 것이 소련을 '주요적'으로 위치 짓고 미국과 서양국가들과의 관계개선을 지향한 실용주의 외교로의 복귀이다. 베트남전쟁으로 괴로운 처지에 있던 미국도 이러한 중국의 외교방침에 응하여 1971년 리처드 닉슨 대통령이 다음 해 중국에 방문할 계획이 있음을 전격적으로 발표하게 된다.

1960년대를 거치면서 중국은 이웃국가들과의 갈등의 골을 깊게 만든 반면, 새로 독립한 아프리카 국가들에게는 적극적인 원조와 국교 수립을 도모했다. 이들 국가들은 UN의 대표권문제를 둘러싸고 중화인민공화국을 지지했다. 그로 인해 1971년에는 중화인민공화국의 대표권이 가결되었고 중화민국(대만)은 유엔을 탈퇴한다.

1972년 2월에 닉슨의 방중이 실현되었고, 같은 해 9월에 일본의 다나카 가쿠에이(田中角榮) 수상도 중국을 방문하여 중일공동성명이 발표되었다. 이에 따라 중화인민공화국과 일본의 국교가 정상화되었지만 중화민국은 일본과의 정식국교를 단절했다. 이후 중국은 서구국가들과도 국교를 수립하여 서방 측과의 경제교류 또한 점차 활발해졌다.

중국 내셔널리즘

제5장

현대의 세계와 중국

1972~2016

개혁개방의 빛과 그림자

중일국교정상화가 유예시킨 것

앞장에서 살펴본 것처럼 사회주의 진영과 자본주의 진영이라고 하는 체제·이데올로기 대립이 국제관계를 크게 규정했던 동서냉전기에도 중국은 소련, 인도와 국경분쟁을 발생시켰다. 이러한 상황은 청말 이래의 중국의 주권 및 영토에 대한 민감함을 고려하면 이해하기 쉽다. 문혁기에는 국내 정치가 급진화됨에 따라 타국과의 마찰과 충돌이 더욱 심화되었다.

그러나 1970년대에 들어서면 중국은 소련을 가장 절박한 위협 요소로 간주하고 미국, 일본 등과는 관계를 수복하는 것으로 방침을 전환했다. 이것은 소련을 '주요 적'으로 위치 짓는 통일전선의 발상에 기반한 것이다. 경제 재건을 위해 일본의 자금과 기술이 필요했던 중국은 중일국교정상화 교섭 때 중일전쟁의 배상청구권과 일본·대만관계와 같은 문제를 둘러싸고 일본 측에 일정한 양보를 했다.

　그러나 여전히 중일전쟁의 기억이 선명했던 중국사회에서 다나카 가쿠에이 수상의 방중 및 배상청구포기에 대한 여론의 반발은 뿌리 깊었다. 그 때문에 공산당은 기층조직을 통해 중일국교정상화와 배상청구포기가 소련과 대만에 대한 전략상 중요한 의미를 지닌 것임을 설명하는 국내 캠페인을 전개하면서 여론을 이끌고자 했다. 이때 사용된 것이 앞에서 언급한 바 있는 '이분론'의 논리이다. 즉 전쟁 책임은 일부 군국주의자에게 있고 일본의 일반 국민에게 그 부담을 요구해서는 안 된다는 입장이다. 중일공동성명에서 일본정부는 전쟁을 통해 중국 국민에게 손해를 끼친 것에 대한 책임과 반성을 표명했는데, 중국정부의 입장에서 보자면 이러한 인식의 표명은 중국의 배상청구포기를 국내 여론을 향해 설명하는 셈이었다.

　중국정부는 실용주의 외교방침을 취하고 국내의 내셔널리즘을 억제하는 방식으로 중일국교정상화를 단기간에 실현시켰다. 자민당 내 친대만파(친국민당파)의 반대를 무릅쓰고 교섭에 임한 일본정부 측도 사정은 비슷했다. 그러나 그것은 국민감정과 역사인식, 대만의 법적 위치 등 중일 사이에 놓인 여러 어려운 쟁점들을 해결하는 것이 아니라 쌍방이 정치적으로 그 과제를 뒤로 미뤄둔 채 완수된 것이었다.

　때문에 이들 쟁점에 대해 이후에도 양국 국민 간의 논쟁이 격화되었고 엇갈린 인식상태가 오랜 기간 방치되었다. 이들 쟁점들은 정치적, 경제적으로 '중일우호'를 필요로 했던 양 정부가 위로부터 내셔널리즘을 억제한 시기에는 표면화되지는 않았지만, 국내, 국제적 조건이 변화되면 언제든지 쉽게 재연될 가능성을 내포하고 있었다.

영토·영해문제의 전조

미국, 일본과의 관계개선에 즈음하여 중국정부는 국내 사회의 내셔널리즘 감정을 억제하고자 했다. 그러나 같은 시기에 민간의 해외 화인들 사이에서 지금까지 이어지고 있는 영토 · 영해문제가 발생했다.

그 직접적 계기는 1968년에 UN 아시아극동경제위원회가 동중국해에서 해저조사를 하면서 센카쿠열도(尖閣諸島) 주변에 석유자원이 매장되어 있을 가능성을 지적했던 데서 시작되었다. 이로인해 센카쿠열도의 영유권이 포착되었다.

1970년 센카쿠열도 부근에서 조업 중이던 대만어선을 미국 시정(施政)하에 있던 오키나와정부가 배제한 사건을 계기로, 미국 각 도시에서 대만에서 온 유학생들이 센카쿠열도의 영유권을 주장하는 시위를 벌였다. 그들이 '보위조어대행동위원회(保衛釣魚臺行動委員會)'('댜오위타이釣魚臺'는 센카쿠열도의 대만 측 명칭)를 조직하자 대만과 홍콩에서 온 유학생들이 주최하는 운동이 다른 대학에서도 점차 확산되었다.

1971년에는 대만, 홍콩에서도 학생들을 중심으로 한 '보조(保釣)운동' 시위가 일어났다. 이들 운동의 배경에는 대일관계의 배려 차원에서 이 문제에 소극적이었던 국민당정권과 미국정부에 대한 불만, 그리고 시민의 정치참여를 제한하는 국민당정권과 홍콩정청(政廳)에 대한 반발이 존재했다.(『대만과 센카쿠 내셔널리즘』) 그러던 와중에 중화민국이 다시 이러한 움직임에 대항하였고 중화인민공화국은 센카쿠열도에 대한 주권을 주장하기 시작했다.

다만 당시는 각국 모두 이 문제를 크게 중시하지 않았다. 학생들을 중심으로 전개되었던 운동도 단기간에 수습 국면에 들어갔다. 1972년의 중일국교정당화 교섭에서도 센카쿠열도 문제가 중요하게 다뤄지지는 않았다.

한편, 이 시기에는 남중국해에서도 지금까지 계속되고 있는 영토문제가 발생했다. 1958년 중국정부는 영해에 관한 성명에서 대만, 펑후제도(澎湖諸島)에 더해 둥사(東沙)·시사(西沙)·중사(中沙)·난사(南沙)제도 등을 중국의 영토라고 주장하여 남베트남과 필리핀과의 사이에서 대립이 야기되었다. 그러나 중국 해군력의 미비와 미국의 베트남전쟁 개입의 영향으로 본격적인 분쟁으로까지 비화되지는 않았다.

하지만 1969년의 조사를 통해 남중국해에도 석유자원이 존재할 가능성이 지적되자 이 지역의 영토·영해문제는 보다 심각한

그림 5-1. 남중국해의 실효지배상황(2016년)

『남중국해에서 무슨 일이 일어나고 있는가 - 미중대립과 아시아·일본』
(山本秀也, 岩派書店, 2016)에서 작성함.

양상으로 치닫기 시작했다.

미국의 베트남 철병 후인 1974년, 시사(파라셀)제도에서 남베트남의 함정이 중국어선을 임검(臨檢)한 사건을 계기로 중국과 남베트남 해군 간에 전투가 발생한다. 전투에 승리한 중국 측은 동제도를 점령하고 이후 실효지배한다.

다음 해인 1975년에는 사회주의 북베트남이 베트남을 통일했지만, 시사제도의 영유권문제와 그 후의 베트남정부의 화교정책을 둘러싸고 중국과 베트남이 대립했고 관계는 악화되었다. 더군다나 베트남이 소련에 강하게 기울고 중국이 지원하고 있던 폴 포트 정권하의 캄보디아를 침공하자, 1979년 중국군은 그에 대한 '징벌'로서 베트남을 일시 무력침공하기에 이르렀다.(중국-베트남전쟁)

난사(스프래틀리)제도에서도 1970년대 후반부터 80년대에 걸쳐 베트남, 필리핀, 말레이시아, 브루나이 등이 각기 주권을 주장하면서 암초를 점거하고 석유, 천연가스를 개발하기 시작했다. 중국도 1988년에 난사제도 일부에 시설을 건설하면서 베트남 해군과 충돌하였다.

이처럼 당시까지 동서냉전이라고 하는 큰 틀 아래서 억제되어 있던 중국의 영토 내셔널리즘, 다시 말해 자원 내셔널리즘이 1970년대 이래의 국제체제의 변용에 따라 점차 표면화되었다.

중일 역사인식 문제의 기원

1976년 저우언라이와 마오쩌둥이 차례로 사망하자 문화대혁명을 추진한 장칭(江靑) 등 일명 '4인방'이 체포되고 문혁이 종결되었다. 1978년에는 실권을 잡은 덩샤오핑 휘하에 개혁개방

정책이 시작되어 점진적 대외 개방과 시장경제 도입이 도모 되었다.

같은 해에 중일평화우호조약이 체결되었고 1972년의 중일공동성명의 준수가 재차 확인되었다. 1979년에는 일본의 대중 ODA(정부개발원조) 및 엔 차관도 개시되었다. 이러한 일본의 원조는 당시 중국에게 있어 경제개발을 위한 귀중한 재원이 되었다. 또한 중일 간 무역 및 민간교류도 점차 확대되었다. 국비유학생 교환이 시작

그림 5-2. 덩샤오핑(1904~1997)
쓰촨성 출신. 프랑스에 유학하던 중 중국 공산당에 가입하고 저우언라이와 인연을 맺었다. 중화인민공화국에서는 부총리 등의 직책을 역임했다. 문혁 중에 두 차례 실각했다가 복권되었고 개혁개방정책을 추진했다.(요미우리신문사)

되었고 영화 등을 통해 일본의 문화와 정보가 중국사회에 전해졌다. 일본에서도 중국에서 선물한 판다와 NHK다큐멘터리 '실크로드'가 붐을 일으켰다.

이 시기 양호했던 중일관계는 후에 '밀월기(蜜月期)'라고 불린다. 중국은 1979년에 미국과도 정식국교를 수립했고, 1985년에 미하일 고르바초프가 소련공산당 서기장에 취임하자 중소관계 역시 개선되기 시작했다.

이렇게 국제관계가 개선된 데에는 중국정부의 외교방침의 전

환이 주요하게 작용했다. 중국공산당은 1982년의 제12차 전국
대표대회에서 '주요 적'에 대한 통일전선이라고 하는 마오쩌둥시
대의 외교방침에서 특정한 적과 동맹국을 상정하지 않는 '독립
자주외교'로 전환할 것을 정식으로 결의했다. 통일전선의 기본
사고방식은 '주요 적'과는 일체 타협하지 않는 대신 통일전선을
적용하는 대상에게는 일정한 양보도 감수하는 것이다. 그런 의
미에서 1980년대 초반의 중일 간의 '밀월기'는 소련이라고 하는
'주요 적'이 존재했기 때문에 가능한 것이었다고 할 수 있다.

이와 달리 '독립자주외교'하에서는 어떤 국가와도 시시비비를
따져 대응하고 개별문제에 있어서는 대립도 가능하다. 그로 인해
이 무렵부터 국교정상화 때 뒤로 미뤄둔 중일 간의 여러 쟁점들
이 불거지기 시작했다.

1982년, 위에서 언급한 중국공산당 제12차 전국대표대회를
앞두고 발생한 것이 이른바 교과서문제이다. 문부성이 고등학
교 역사교과서 검정에서 중국에 대한 '침략'을 '진출'로 바꿔 서
술했다고 하는 오보가 일본의 각 지면에 유포되자 중국정부는
중일공동성명 위반, '군국주의 부활' 등을 비판하는 국내 캠페인
을 개시했다.

여기에는 시장경제화가 진전되는 가운데 중국사회에 개인주
의, 자유주의적 경향이 커지는 것을 경계했던 공산당이 국가통합
의 구심점으로 다시 '애국주의'를 중시하기 시작한 맥락이 작용
했다. 또한 이 시기 공산당은 대만의 국민당정권에 대해서도 종

래의 전면적 적시에서 '평화통일'을 호소하는 방향으로 태도를 전환했다. 이들 정책에서 공통적으로 중시된 것이 중일전쟁 중의 항일민족통일전선의 역사이다.(『중국 내셔널리즘 속의 일본』)

일례로 1986년판 역사교학대강에 "국민당정부는 정면전장(正面戰場)에서 일본 침략군의 공격에 저항했다"라고 기술되는 등 처음으로 중일전쟁에서의 국민당의 역할이 긍정적으로 평가되었다. 역사교과서 서술에서도 국공대립 및 계급투쟁을 강조하는 '당의 역사'에서 일본에 대한 항일민족통일전선을 중시하는 '국가의 역사'로서의 성격을 강화해나갔다. 이처럼 일본의 '역사 수정(改撰)'에 대한 중국정부의 비판에는 중일전쟁의 역사를 내셔널리즘의 구성요소로 중시하기 시작한 당시의 정책이 중요한 영향을 미쳤다.

결국 문부성 초등중등교육국장이 중의원에서 "강제력을 수반하지 않는 개선의견"이었다고 답변하고, 미야기 와키이로(宮澤喜一) 관방장관이 "일한공동코뮤니케, 일중공동성명의 정신은 우리나라의 학교교육, 교과서 검정에 있어서도 당연히 존중되어야 하는 것"이라는 담화를 발표함으로써 분란은 가라앉기 시작했다. 다음 해에는 교과용 도서검정 기준에 "근린 아시아 국가들과의 근현대의 역사적 사상(事象)을 다룸에 있어 국제이해와 국제협조의 견지에서 필요한 배려가 이뤄질 것"이라고 하는 이른바 근린 제국(近隣諸國) 조항이 첨가되었다. 전전(戰前)의 교과서문제가 중국의 교과서를 일본이 비판했던 것이었음을 상기하면 입장이 서로 뒤바뀌었다고도 볼 수 있다.

야스쿠니신사 참배 문제

1985년 8월 15일, 나카소네 야스히로(中曾根康弘) 수상이 야스쿠니신사(靖國神社)를 공식 참배했다. 전후에도 일본의 수상은 야스쿠니신사 참배를 계속해왔지만 '공식'을 확실히 언급했던 것은 이번이 처음이었다. 중국정부는 당초에는 크게 대응하지 않았다. 그러나 만주사변 기념일인 9월 18일에 베이징에서 학생시위가 일어나자 중국정부도 일본정부에 항의했다. 야스쿠니신사에는 1978년에 A급 전범 14인이 합사되었는데(다음 해에 판명됨), 그곳을 일본의 수상이 공식적으로 참배한다고 하는 것은 도쿄전범재판을 부정하는 일일 뿐 아니라 '군국주의 부활'을 나타내는 증거라고 여겨졌다.

앞에서 설명한 바와 같이 중국의 대일 화해 및 보상청구 방기는 중일전쟁을 일으킨 것은 일부의 군국주의자들이고 일본의 일반시민도 피해자였다고 하는 전쟁책임 이원론을 전제로 했고, 이는 중국 국내의 뿌리 깊은 반일감정을 억누르기 위함이었다. 때문에 중국정부에게 있어 일본정부에 의한 A급 전범의 면책으로도 간주되는 신사참배 행위는 받아들일 수 없는 것이었다. 이후 야스쿠니문제는 정교분리를 둘러싼 일본의 국내문제만이 아니라 역사인식을 둘러싼 국제문제로서의 성격도 갖게 되었다.

중국의 대일 비판에서 상투적으로 사용된 '군국주의의 부활'이라는 표현은 제2차 세계대전 후 전쟁을 포기하고 평화주의를 견지해왔다고 여긴 많은 일본인의 자기인식과는 괴리된 것이었다. 그러나 중국사회에서는 중일전쟁의 기억이 아직 강렬하게 남아 있는 상태였다. 전후에 장기적으로 양국 간에 국교 및 왕래가 끊어지고 사회의 소통이 차단된 결과 중일 모두가 상대방의 인식에 대한 이해를 결여하고 있었던 것이다.

1980년대에는 중일 정부가 이들 문제에 억제적으로 대응하려 했던 점, 전쟁을 아는 세대의 존재, 사회에 '중일우호' 분위기가 아직 지속되고 있었던 점으로 인해 중일관계가 결정적으로 악화되지는 않았다. 그러나 이 시기의 교과서문제 및 야스쿠니문제는 역사인식이 중일 간의 국제문제가 되는 선례가 되었다.

'소수민족' 문제의 국제화

문화대혁명이 종결되자 "민족문제는 실질적으로 계급문제"라고 하는 이론이 부정되고 다시 중국의 다민족성이 강조되었다. 후야오방(胡耀邦) 당총서기의 지휘 아래 1950년대와 같은 비교적 온건한 '소수민족' 정책이 재개되었고 반우파투쟁 및 문혁 시기에 탄압을 받은 비한인 에스닉집단의 지식인과 정치, 종교지도자의 명예회복 그리고 '지방민족주의' 비판운동에 대한 재평가가 도모되었다.

그림 5-3. 후야오방(1915~1989)

후난성 출신. 공산주의청년단 중앙 제1서
기, 중앙서북국 제2서기, 산시성당위 제
1서기 등을 역임했다. 문혁기에 하방되
었다가 후에 복권되어 당주석·당총서기
(1981~1987)에 취임하고 자오즈양과 함
께 덩샤오핑을 지지했다. 그러나 정치개혁
을 주장하면서 보수파와 대립하여 실각했
다.(요미우리신문사)

티베트와 칭하이성의 경우
1959년의 봉기 이래 현지 행
정 대부분을 한인 간부가 장
악하고 있던 상황이었다. 그
러나 1980년대 초에는 그러한
정책의 상당 부분이 철회되었
다. 문혁기에는 실질적으로 금
지되었던 종교활동이 다시 가
능해졌고 달라이 라마 14세의
망명정권에 대한 귀국 요청도
시작되었다. 피폐해진 비한인
거주지역의 경제 재건도 착수
되었으며 1984년에는 민족구
역자치법이 제정되어 자치구
의 권한이 약간이지만 확대되
었다.

그런데 기본적으로 소수민족을 둘러싼 문제의 발단은 중화인
민공화국의 전체인구에서 '소수민족'이 점하는 낮은 비율에 비
해 영토상으로는 '소수민족' 거주지역이 광대하다고 하는 불균
형에 있었다. 이것은 중화인민공화국 역시 에스닉적, 지리적으로
극히 복잡한 청의 판도를 계승했다는 데서 연유한다. 특히 대부
분의 자치구가 내륙의 국경지역에 위치해 있었기 때문에 '소수민

족' 정책은 중국의 방위 및 자원쟁탈 문제와도 깊이 연관되어 있었다.

1975, 78, 82년에 개정된 중화인민공화국 헌법에서도 "[한족의] 대민족주의와 [소수민족의] 지방민족주의에 반대한다"는 규정이 계속 유지되었다.

1987년 후야오방이 보수파와의 대립으로 실각하고 자오즈양(趙紫陽, 1919~2005)이 그 후임이 된다. 같은 해에 달라이 라마 14세가 미국 하원 인권소위원회에서 행한 연설이 주목받은 것을 계기로 티베트문제가 국제적 관심을 불러일으키게 되었다. 이 시기에 즈음하여 민주화운동이 고조되면서 티베트에서도 독립을 목표로 내건 시위와 봉기가 반복되었다. 1989년 중국정부는 티베트의 라사 전역에 계엄령을 선포하고 독립운동을 탄압했다. 천안문사건 이후 '소수민족' 정책은 다시 강경노선으로 돌아섰고 티베트의 민족운동은 '조국분열, 반공산당, 사회주의 전복'을 기도하는 것으로 엄격히 단속되었다. 같은 해 달라이 라마의 노벨평화상 수상도 중국정부의 강한 반발을 야기했다. 미국을 중심으로, 티베트에 대한 중국정부의 탄압을 인권과 민주주의의 억압으로 비난하는 목소리가 높아졌는데, 중국 측은 이를 두고 중국을 분열시키려는 야심에 기반한 것이라고 반론을 폈다.

신장에서도 1980년대 이래 개혁개방 이후의 이슬람교의 부활, 교의(敎義)에 반하는 산아제한에 대한 불만, 한인에 의한 자원개발에 대한 반발 등으로 봉기와 무력진압이 되풀이되었다. 이러한 반발은 윈난성 등 서남부의 비한인 에스닉집단 거주지역에서도 빈발했다.(『주변으로부터의 중국』)

이들 사건의 배후에는 한인과 '소수민족'의 경제적, 문화적, 종교적 마찰 그리고 냉전의 종결에 따른 세계적인 에스닉 내셔널리즘의 분출이 자리하고 있었다.

1989년 미국에 의한 몰타선언으로 동서냉전이 종결되고 사회주의권이 붕괴되기 시작했다. 1990년에는 동·서 독일이 통일되었고 다음 해인 1991년에는 소련이 붕괴되었다. 중앙아시아 국가들의 독립과 외몽골의 사회주의체제 폐지(1992년에 몽골인민공화국에서 몽골국으로 국명을 변경)는 신장과 티베트, 내몽골 지역에도 충격을 주었다. 유고슬라비아분쟁이 시작되고 사회주의체제 하에서 억제되어온 민족대립이 급격히 악화되었던 것도 바로 이 시기이다.

위에서 설명한 것과 같이 중일전쟁기의 경험에 기반하여 중국 정부는 일관되게 국내 민족운동에 대해 강한 경계심을 품고 있었다. 소련과 유고슬라비아의 분열을 바로 눈앞에 두고 위기감은 더욱 높아졌다. 이것은 이후 중국에서 '중화민족'과 '애국주의'가 재차 강조된 원인 중 하나로 작용했다.

지식인의 부활과 천안문사건

1977년에 과거 10년간 정지되었던 '가오카오(高考, 대학시험)'가

부활되자, 농촌에 '하방'되었던 많은 수의 지식청년들이 시험에 응시하기 위해 몰려들었다. 이 시기 매우 높은 경쟁률의 입시를 통과하여 대학에 진학했던 '77급', '78급'이라고 불린 세대는 이후 중국의 사회, 문화를 장기간에 걸쳐 견인하는 존재가 되었다.

1980년대에는 서구사상이 다시 물밀 듯이 중국에 유입되고 문혁의 부정과 마오쩌둥 재평가가 진행되는 가운데, 사회주의에 대한 회의라고 하는 '신앙적 위기'가 발생했다. 그로 인해 공산당은 급진적 민주화와 정치개혁을 주장하는 지식인과 학생들의 운동을 '정신오염', '서양숭배'라는 명목으로 비판하고 단속하고자 했다.

이 가운데 발생한 것이 동서문화 비교 및 근대화와 전통문화의 관계와 같은 문제를 둘러싸고 전개된 '문화열(문화론붐)'이다. 1986년에 방영되었던 TV 다큐멘터리 '하상(河殤)'은 중국의 전통문명을 강하게 비판하고 서구문명의 수입과 근대화의 필요성을 주창해 큰 반향을 일으켰다. 또한 지도자에게 권력을 집중시키고 강력한 리더십하에서 근대화를 도모한다고 하는 신권위주의론과 정치개혁의 추진 및 조기 민주화를 요구하는 입장 사이에서도 논쟁이 일어났다.

한편, 경제정책에서는 일정한 진전을 보였지만 제자리걸음인 정치체제 개혁, 빈부격차의 확대와 인플레이션, 관료의 부패 등에 대해 사회의 불만이 점차 높아졌다. 민주화운동 옹호를 빌미로 실각한 후야오방이 1989년에 사망하면서 그 추도집회를 계기로 학생 및 시민에 의한 대규모 운동이 일어났다. 그들은 베이징의 천안문광장에서 집회를 개최하고 정부에 민주화를 요구했다. 그러나 정부는 무력에 의한 탄압을 선택했고 다수의 사상자를 냈다. 이른바 6·4천안문사건이다.

운동 지도자였던 학생과 지식인들은 체포되거나 해외로 망명했고, 운동에 동정적이었던 자오즈양 등 공산당 내의 개혁파도 실각하면서 정치개혁의 움직임은 좌절되었다.

천안문사건 이후 사상 단속도 강화되었다. 신문화운동 이래의 '급진주의(래디컬리즘)'에 기반한 전통문화 비판이 문화대혁명을 초래했다고 주장하는 가운데 급진적 민주화를 부정하고 국가의 역할을 강조하는 문화적·정치적 보수주의가 대두하기도 했다.

공산당의 위기의식과 내셔널리즘의 동원

서구국가들은 천안문사건을 민주주의의 부정, 인권탄압이라고 비난하고 중국에 대해 경제 제재를 가했다. 중국정부는 이러한 비판은 내정간섭에 해당하고 서구국가들의 '화평연변(和平演變, 비군사적 수단에 의한 체제전복)' 기도라고 강조하면서 크게 반발했다. 동유럽, 소련 사회주의권이 급속히 붕괴되었던 것 역시 중국공산당 지도부의 위기감을 고조시켰다.

앞서 언급한 티베트문제 때와 마찬가지로, 민주주의 및 인권을 내건 서구의 비판에 대해 중국이 내정간섭과 영토분열 기도라고 반론을 펴는 구도가 이후 반복되었다.

5·4운동이나 12·9운동 혹은 전전, 전후의 헌정운동의 경우에도 정권이 타국과의 관계조정을 중시하고 내셔널리즘을 억제했던 시대에는 헌정의 추진과 인권 보장을 요구하는 민간의 운동은 내셔널리즘과 일체가 되었다. 그러나 그것과는 반대 상황이 발생했던 것이다.

그림 5-4. 2016년 내각부의 「외교에 관한 여론조사」

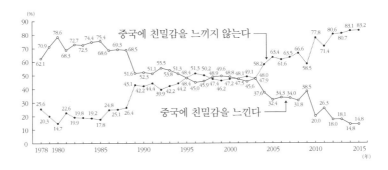

물론 서구의 대의제 민주주의에 문제가 없는 것은 아니고 대의제만이 민주주의는 아니라고 보는 주장도 있을 수 있다. 중국의 인권 상황을 비판하는 측에서는 과연 진정으로 기본적 인권이 존중되고 있는가를 되묻는 것 역시 필요할 것이다. 그러나 대의제 민주주의와 기본적 인권의식을 부정하는 논리로 내셔널리즘이 동원되는 구도가 형성된 것은 이후 중국에서 민주주의와 인권을 둘러싼 냉정한 논의를 이어나가는 데 방해요인이 되어왔다.

천안문사건 후 장쩌민(江澤民)이 당총서기에 취임하면서 중일

관계도 새로운 단계를 맞이하게 된다. 또한 천안문사건이 국제적으로 크게 보도되면서 1970년대 이래 일본사회에 존재하던 '중국에 대한 친근감'은 되돌릴 수 없는 상태가 되었다.

다만 이 시점에 중일 정부 간의 관계는 계속 우호를 유지하는 방향을 띠었고, 1991년 일본은 서구 측으로서는 최초로 대중국 경제제재를 해제했다. 다음 해인 1992년의 천황의 방중은 중일 우호관계에 있어 하나의 정점이었다고도 할 수 있다. 이러한 상황에 변화가 발생한 시점은 1990년대 중반 이후이다.

1970년대 중반부터 1980년대에 걸쳐 중국에서는 일본, 미국, 소련과의 긴장 완화와 개혁개방 정책이 추진되었다. 서구 문화와 사상에 대한 접근이 이뤄짐에 따라 문혁기와 같은 배외적인 사회 분위기는 그림자를 감췄다. 경제발전을 국가 목표로 내건 중국정부에 있어서도 대외협조가 중시되던 때였다.

그러나 한편으로 당시는 일본과의 역사인식문제, 동중국해 · 남중국해의 영토문제, 티베트 · 인권 · 민주주의를 둘러싼 서구국가들과의 대립과 같은, 이후의 중국 내셔널리즘에 있어 결정적으로 중요하게 될 여러 쟁점이 그 모습을 드러내기 시작했던 시기이기도 했다.

대두하는 중국과 애국주의

'중화민족'의 재등장

   천안문사건 이후 사상 단속을 하던 중국정부가 취한 방법 중 하나는 '민족'과 '애국'의 재강조였다. 중화인민공화국은 성립 이래 청말·중화민국기에 쓰인 '중화민족'이라고 하는 개념을 잘 사용하지 않았고 '민족'이라고 말하는 경우는 국내 각 민족을 지칭하는 때가 많았다. 이처럼 기본적으로 중국은 다민족국가로 규정되었다. 그러나 앞서 설명한 바와 같이 냉전 종결 후의 세계적인 에스닉 내셔널리즘의 고양과 연동하여 중국 국내에서도 민족운동이 고조되자 공산당은 '중화민족'이라는 개념을 다시 전면에 내세우기 시작했다.

   1988년, 저명한 사회학자이자 민속학자인 페이샤오퉁(費孝通, 1910~2005)이 「중화민족다원일체구조론(中華民族多元一體格局

論)」을 발표했다. 그는 한족을 중심으로 중국 영역 내의 56개 민족이 일체화된 것이 바로 '중화민족'이고 '중화민족'은 수천 년 전부터 서서히 형성되어왔는데 19세기 이래 열강과 대항하게 되면서 그것을 자각하게 되었다고 주장했다. 이 논의의 특징은 각 민족의 상위개념으로 '중화민족'을 설정했다는 데 있다. 이것은 어떤 의미에서 청말부터 중화민국기에 걸친 중국의 네이션을 둘러싼 논의로 회귀한 것이라고 볼 수 있다.

이러한 중화민족론을 실증적인 차원에서 접근하면 현 국경을 넘어 거주하는 몽골인과 묘족 등을 어떻게 자리매김할지의 문제와 같이 현행 영토 내의 민족의 일체성을 논리적으로 정당화하기 위한 설명이라는 점에서 정치적 색채가 강하다. 그런데 이후 페이샤오퉁이 제기한 이 중화민족론은 중국정부의 공식 견해이자 '소수민족' 정책의 기본방침이 되었다. 또한 이것은 홍콩, 대만 및 재외 화인에 대한 호소가 필요할 때 민족적 동일성을 강조할 목적으로 빈번하게 사용되었다.

다만 국민당정권기까지의 중화민족론이 그러했던 것처럼 이 이론도 기본적으로 한인으로부터 제기된 것이었고 비한인 에스닉집단은 이러한 의식을 반드시 공유하는 것은 아니었다. 실제로 '소수민족' 측으로부터 중화민족론에 대한 반론도 제기되었다. 또한 1990년대 이래 내륙의 '소수민족' 거주지역에 대한 한인 거주지역으로부터의 투자는 대폭 확대되었지만 근본적인 격차가 해소되지는 않았다. 한인의 이주가 다시 확대되면서 현지사회와의 마찰이 계속되었다. 2008년의 티베트동란과 2009년의 신장 우르무치동란은 그러한 불만이 표면화된 최대 사건이라고 볼 수 있다. 다른 한편에서는 '소수민족'에 대한 보조금 지급 및 산아제한 완화와 같은 우대조치에도 불구하고 전혀 호전되지 않는 한인에 대한 감정에 대해 역으로 한인 측의 조바심도 커지는 상호 불신의 악순환이 발생했다.

이처럼 청의 판도를 계승함으로 말미암은 중화인민공화국의 에스닉·지리적 구성의 복잡성과 편중성, 그리고 그들을 국민국가의 테두리 안에 통합시키려는 과정에서 발생한 여러 문제들은 오늘날에도 여전히 지속되고 있다.

근현대사 교육과 국정 교육

1989년에 교육면에서도 중국정부는 대학에서의 군사훈련을 강화하고, 그다음 해에는 국기법을 제정하여 소·중·고등학교에서 매주 1회 '국기게양식'을 의무화하는 등 사상단속과 애국주의 교육을 강화했다.

장쩌민은 1991년에 국가교육위원회에 보낸 지시에서 근현대사 교육과 '국정 교육'의 필요성을 강조했는데, 특히 "봉건통치자의 부패로 인해 1840년의 아편전쟁 이후 100여 년간 중국인민은 열강에게 침략당해왔다. 약간의 중요한 사실(史實)을 열거하고 설명해도 좋다"고 말했다.

그림 5-5. 장쩌민(1926~)
장쑤성 출신. 상하이에서의 공장근무 등을 거쳐 문혁 후에 상하이 시장 및 당위서기를 역임했다. 천안문사건에 따른 자오즈양 실각 후 당총서기(1989~2002)에 선출되었고 후에 중앙군사위원회주석과 국가주석을 겸했다.

또한 국정 교육에서는 중국의 역사와 현 상황에 비추어 자본주의제도 및 서양의 대의제민주주의를 실시해서는 안 된다고 언급했다. 교육의 목적은 "중국인민 특히 청소년의 민족자존심과 민족자신감을 드높이고 외국숭배사상의 대두를 막는" 데 두어졌다.(『인민일보』, 1991년 6월 1일)

1950년대 이래 중국의 역사교과서에서는 전쟁 중의 일본군의 포학행위와 같은 내용을 그다지 중요하게 다루지 않았다. 이것은 앞서 설명한 국제관계 문제에 더해 두 가지 이유가 고려된 결과였다. 하나는 최근 발생한 해당 사건들은 역사 수업에서 가르칠 필요도 없이 중국사회에 잘 알려져 있었기 때문이다. 두 번째는 마오쩌둥 시대의 역사기술이 '열강에게 계속 침략 당해온 중국'이 아니라 '그것을 극복한 공산당의 위대한 승리'에 초점을 두고 있었기 때문이다.(『중국의 역사인식은 어떻게 만들어졌는가』)

천안문사건 이후의 역사 교육에서 근현대사와 '열강에 침략당했던' 사례가 강조되었던 것은 '국정'의 강조와 함께 서구 사상과 사물에 대한 젊은 세대의 동경을 억제하고 경계심을 가지게 하려는 데 그 목적이 있었다. 그리고 전쟁을 실제로 체험한 세대가 사회에서 퇴장하고 그것을 학교에서 역사 교육을 통해 가르치지 않으면 안 되게 된 사정도 작용했다. 이것은 동 시기의 일본의 경우에도 공통된다.

또한 이러한 중국의 피침략의 역사를 강조하는 교육은 그 자체로서는 일본을 목표로 삼은 것이 아니라 근현대의 열강 전체를 대상으로 삼은 것이었다는 점에도 주의가 필요하다.(「시대와 함께 변화해온 항일전쟁상」)

'민족'과 '애국'의 강조

1992년에는 덩샤오핑이 남순강화(南巡講話, 남방담화)에 나섰고, 같은 해에 열린 중국공산당 제14차 전국대표대회에서는 '사회주의 시장경제체제 건설'을 목표로 삼을 것을 결의하였다. 이는 실질적으로는 사회주의경제의 방기를 의미하는 것과 다름없었다. 이로부터 중국은 급속한 경제발전을 개시하여 현재에 이르렀다.

이 가운데 사회주의 이데올로기를 대체하는 국가통합의 논리로서 '민족'과 '애국'이 더욱 강조되었다. 1994년에 중국정부가 발표한 「애국주의교육실시강요」에는 다음과 같은 문장이 기술되어 있다.

중화민족은 애국주의의 영광의 전통이 풍부한 위대한 민족이다. 애국주의는 중국인민의 단결과 분투를 고무하는 일면의 기치이고 우리나라의 사회와 역사를 전진시키는 거대한 힘이며 각족 인민의 공동의 정신적 지주이다. (…) 새로운 역사적 조건하에서 애국주의의 전통을 계승하고 발양하는 것은 민족정신의 발분, 전 민족적 힘의 결집, 전국 각족 인민의 단결, 자력갱생, 고심(苦心)의 창업, 중화민족 진흥을 위한 분투에 있어 매우 중요한 현실적 의의를 지닌다.

애국주의 교육의 구체적 내용은 '중화민족의 유구한 역사', '중화민족의 우수한 전통문화', '당의 기본노선과 사회주의 근대화 건설의 성과', '중국의 국정', '사회주의민주와 법제', '국방과 국가안전', '민족단결', '화평통일, 일국양제 방침'으로 설명되었다.

1995년에는 '중국항일전쟁 · 세계반파시즘전쟁승리 50주년 기념' 캠페인이 대대적으로 전개되었고, 1997년에는 영국으로부터의 홍콩 반환을 기념하는 성대한 행사가 개최되었다. 그 전후 시점에는 영화 〈난징 1937년〉(1995년), 〈아편전쟁〉(1997년)을 시작으로, 중일전쟁 및 영국에의 홍콩할양의 원인이 된 아편전쟁 관련 영화, TV프로그램, 서적, 이벤트 등이 대대적으로 제작되었다.

아편전쟁 이래 열강에게 침탈당해왔던 중국이라고 하는 역사관은 청말부터 중화민국기에 걸친 '국치'와 설욕을 호소하는 역

　　중국 내셔널리즘

사서사로의 회귀라고도 볼 수 있다.

아래로부터의 내셔널리즘의 태동

한편, 역사문제를 둘러싸고 정부에 의한 위로부터의 교육 및 선전과 함께 중국사회의 아래로부터의 움직임도 나타났다. 그 대표적인 사례가 일본정부에 대한 민간 배상청구 움직임이다.

1980년대 후반부터 일본대사관과 전국인민대표대회에는 중일전쟁 중에 입은 손해에 대한 보장을 요구하는 민간 개인으로부터의 호소가 이어졌다. 앞서 설명한 것처럼 중일국교 정상화 때 중국정부는 정치적 고려에 따라 국내의 내셔널리즘 감정을 억제하고 일본에 대한 배상청구를 방기했다. 그러나 개혁개방으로 중국에서도 언론이 일정 정도 기능하게 되면서 이러한 아래로부터의 움직임을 정부가 완전히 억제할 수는 없게 되었던 것이다.

1992년에 중국민간대일배상청구위원회(中國民間對日索賠委員會)가 결성되고, 1995년에는 하나오카사건(花岡事件) 피해자와 유족 11명이 카지마건설(鹿島建設, 당시의 카지마구미鹿島組)을 도쿄지방재판소에 제소하기에 이르렀다. 이후 2000년대 초반에 걸쳐 종군위안부, 731부대의 세균전, 강제연행, 강제노동 등을 둘러싼 민간 배상청구 소송이 잇따랐다. 이들 소송은 중일공동성명에 의해 포기되었던 것은 정부 간 배상청구권이었고 국민 개개인의 청구권에 대해서는 규정하지 않았다는 주장에 기반하여 이뤄졌다. 그런 점에서 이러한 사태도 마찬가지로, 국교정상화가 국민의 합의를 거치지 않고 전적으로 정부 간 합의에 의해 이뤄지게 된 결과 발생한 것이었다고 할 수 있다.

이에 대해 일본정부는 해결이 끝난 문제라는 입장을 취하고 있다. 그러나 중국정부도 국내의 내셔널리즘에 기반한 비판 여론에 대한 두려움 때문에 이들 소송을 적극적으로 억제하지는 않으면서 기본적으로 불간섭의 입장을 취하고 있다. 그로 인해 원고 측과 일본기업 사이에 화해가 이뤄진 사례도 있었지만, 양국의 이러한 태도는 문제의 전면적 해결에 대한 근원적 전망이 없는 상태에서 중일 여론의 감정적 대립을 야기시키는 요인이 되었다.

1990년대는 일본에서도 종군위안부 문제를 둘러싼 고노 담화(河野談話, 1993년)와 전후 50주년을 맞아 발표된 무라야마 담화(村山談話, 1995년)에 반발한 '새로운 역사교과서를 만드는 모임'의 발족(1996년) 등 역사인식을 둘러싸고 내셔널리즘이 고조된 시기였다. 1996년에는 하시모토 류타로(橋本龍太郎) 수상이 야스쿠니신사를 사적으로 참배했다. 장쩌민이 1998년 일본방문 때 역사인식에 관해 재차 일본을 비판했던 것 역시 일본사회의 반발을 불러일으켰다.

냉전의 종결로 동아시아지역 간의 경제관계 및 정보와 인적 흐름이 급속하게 증대하는 가운데, 역사문제를 둘러싸고는 국민간 인식의 공유가 아닌 괴리가 더욱 표면화되게 되었던 것이다.

중화민국의 '대만화'와 미중관계

1993년 빌 클린턴 정권하의 미국은 경제마찰과 인권문제를 둘러싸고 중국에 대한 비판을 강화했다. 공동의 적이었던 소련의 붕괴도 미중 협력의 의의를 저하시켰다.

중국에서는 1996년 미국의 중국 비판에 반발하는 『중국은 NO 라고 말할 수 있다(中國可以說不)』와 『중국을 요마화하는 배후(妖魔化中國的背後)』가 출판되어 베스트셀러가 되었다. 전자는 물론 이시하라 신타로(石原愼太郎) 등의 『'NO'라고 말할 수 있는 일본』(1989년)의 영향을 받은 것이다.

이러한 가운데 대만문제가 미중 간에 또 하나의 쟁점으로 부상했다. 대만의 중화민국은 1971년에 유엔의 대표권을 상실했고 1972년에는 일본, 1979년에는 미국과 정식으로 국교를 단절하는 등 국제적 고립의 위기감이 높아졌다. 중국이 '화평통일'의 목소리를 강화하는 가운데 국민당정권은 정치, 사회의 민주화와 '대만화'라고 하는 방책을 취했다.

국민당정권은 대만 이전(移轉) 후에도 중국 전체를 대표하는 정통정권으로서의 입장을 포기하지 않고 공산당정권과 계속 대치했다. 그에 따라 국내에서는 계엄령을 선포하고 시민의 정치 참여를 제한했다. 또한 전후에 국민당과 함께 대륙에서 대만으로 넘어온 '외성인(外省人)'을 우대하고 그 이전부터 대만에 거주했던 '본성인(本省人)'을 냉대했다.

그러나 장제스가 사망하고 장징궈(蔣經國, 1910~1988)가 총통으로 부임한 후 본성인의 국민당 가입이 진행되었고 1987년에는 계엄령을 해제했다. 다음해에 장징궈가 사망하자 부총통이었던 리덩후이(李登輝, 1923~)가 본성인으로서는 최초로 총통으로 취임했다. 1991년에는 중화민국헌법이 개정되어 실질적으로 중화민국을 대만인의 국가로 재정의했다. 그리고 1996년에는 최초의 총통직접선거가 실시되어 리덩후이가 총통으로 당선되었다.

이처럼 대만에서는 1980년대 이래 정치의 민주화와 '대만'이라고 하는 범주에 귀속감을 가지는 정체성 형성이 진행되었고, 미국과 일본에서는 이러한 변화를 호의적으로 여기는 여론이 높아졌다.

장쩌민은 1995년에 '하나의 중국'을 전제로 대만정부에 교섭을 요청했으나 대만 측은 이에 응하지 않았다. 같은 해에 있었던 리덩후이의 방미도 '대만독립'에 대한 중국의 경계심을 강화시켰다. 그 일환으로 중국은 군사 연습을 실시하여 1996년의 대만 총통선거를 견제하고자 했는데, 이에 대항하는 형태로 미국이 대만해협에 항공모함을 파견하기에 이르렀다. 같은 해에 미일안보공동선언이 발표되고 다음 해인 1997년에 미일방위협력을 위한 방침(가이드라인)이 개정되자 중국은 이들 방침이 적용되는 '주변사태'에 대만이 포함되는가 여부에 대해 경계심을 높였다.

이후 중국 측에서는 대만의 민주화와 독립 주장 그리고 그것을 지지하는 미일 여론에 대한 경계가, 대만과 미일 측에서는 무력으로 협박하는 중국에 대한 위협론이 높아지는 대립구도가 발생했다.

그러다 1996년부터 그다음 해에 걸쳐 중국과 미국 지도자의 상호방문이 실현되었다. 미국이 대만의 독립을 지지하지 않는다고 명확히 선언하면서 미중관계는 일시 회복되기에 이른다. 그러나 1999년에 유고슬라비아분쟁 중 미군이 중국대사관을 '오폭' 하는 사건이 발생하면서 중국 각지에서 대규모의 반미시위가 발생하기도 했다.

아이러니하게도 중미관계가 재차 회복하게 된 계기로 작용했던 것은 2001년에 발생한 미국 동시다발 테러사건 즉 9.11이다. 반테러와 대이슬람정책이라고 하는 지점에서는 조지 W. 부시 정권과 신장의 민족문제를 포함한 중국정부의 이해관계가 서로 일치했던 것이다.

대만·홍콩과의 인식의 엇갈림

대만에서는 2000년에 국민당에서 민주진보당(민진당)으로 정권교체가 실현되었다. 천수이볜(陳水篇) 총통이 중국과 대만은 각자 하나의 국가라고 하는 '일변일국(一邊一國)' 발언을 하자, 중국은 2005년에 반국가분열법을 제정하는 등 양 정부 간의 대화는 정체되었다.

그러나 홍콩 등을 경유한 중국, 대만의 경제관계와 인적 교류는 지속적으로 확대되었다. 2008년의 총통선거에서는 국민당이 정권을 탈환해 성급한 '통일'이나 '독립' 어느 쪽도 도모하지 않는, 현상유지의 안정과 평화를 추구하는 실용주의 방침을 취했다.

한편으로 '대만 내셔널리즘'은 확실히 대만 사회에 정착했다. 2014년에는 양안서비스무역협정에 대한 반발로 '해바라기학생운동'이 일어났다. 같은 해, '일국양제(一國兩制)'하의 홍콩에서도 중국정부의 간섭 확대에 반발하는 학생들에 의한 '우산운동'이 일어났고, 대륙과는 다른 '홍콩인'이라고 하는 정체성을 가진 청년층이 점차 늘어났다. 2016년의 대만 총통선거에서는 다시 민진당이 정권을 획득했다.

이처럼 청말에 열강의 식민지가 되어 이후 장시간 중국대륙에서 분리되었던 홍콩과 대만은 중국에의 접근과 반발을 되풀이하면서 독자적 정체성을 구축해나갔다.

그러나 청말에서 중화민국기에 걸쳐 '중국'으로 간주된 범위의 통일을 지상명제로 삼았던 중국 내셔널리즘의 입장에서 홍콩, 대만의 이러한 복잡한 정체성을 이해하는 발상은 생겨나기 어려웠다. 그로 인해 최근 대만과 홍콩에서 발생한 운동에 대해서도 여전히 국가, 민족의 통일인가 분열인가만이 유일한 인식의 관점으로 작용하고 있고, 이는 '소수민족'을 둘러싼 문제에서도 마찬가지라 할 수 있다. 이러한 중국의 입장이 상호 마찰을 확대시키는 원인이 되고 있는 것은 틀림없지만, 이후에 적어도 단기적으로는 중국정부가 이러한 원칙을 변화시킬 것이라고 보기는 어렵다.

전통문화의 재평가

앞서 살펴본 것처럼 서양과의 접촉에 의해 급속한 근대화를 강요당했던 청말 이래의 중국에서는, 근대화와 사실상 거의 동일한 서구화와 자신의 전통문화의 관계를 어떻게 설정할 것인가가 일관되게 중요한 문제였다. 이것은 서양 이외의 대부분 지역의 지식인들이 직면했던 과제이다. 그러나 서장에서 서술한 것처럼 화이사상의 영향하에 중국문명만이 유일한 문명이라는 인식을 가지고 있던 중국의 지식인들에게 이는 특히나 심각한 문제로 다가왔다.

개혁개방 후 급진파 지식인들은 문혁의 참화(慘禍)는 중국의 옛 전통이 잔존해있었기 때문이라고 주장하면서 서구를 모방한 근대화를 요청했다. 그러나 천안문사건 후에 정부 쪽의 보수주의가 대두하자 오히려 문혁의 기원은 신문화운동 이래의 전통 파괴에 있었다고 하는 논리가 제기되었다. 실제로 문혁 이후에는 문혁 시기의 전통 파괴를 두고 '황당무계한 민족허무주의'라는 비판과 함께(『인민일보』, 1981년 3월 19일) 전통문화의 부활이 추진되었다. 1984년에 중국공자기금회(中國孔子基金會)가 설립되고 1986년에 중국정부가 한자를 더욱 간소화한 '제2차 한자간화방안(漢字簡化方案(초안, 1977년))의 파기를 결정했던 것 역시 이러한 흐름으로 볼 수 있다.

시장경제화의 진전에 따라 사회주의 시대에 상대적으로 저하되었던 남녀 간의 성별분업의식이 다시 확산되었던 점도 지적되고 있다. 2004년에는 문화민족주의자의 입장에 선 민간의 '신유가'들이 어린이에게 유교경전을 암송하게 하는 교육법을 추진하는 아동독경운동(兒童讀經運動)을 전개해 사회의 관심을 모으기도 했다. 중국정부가 해외의 중국어 교육기관으로서 공자학

그림 5-6. 베이징올림픽 개회식(2008년)
공자의 제자로 분한 출연자들이 죽간(竹簡, 고대 중국에서 필기에 사용되었던 대나무로 만들어진 찰札)을 받들고 한자문화를 칭송하고 있다.(요미우리신문사)

원(孔子學院)을 창설했던 것도 바로 그해이다. 2008년에 열린 베이징올림픽 개회식에서는 중국의 전통문화가 연출의 큰 부분을 차지했다.

1990년대의 국제사회에서의 미국 일극체제가 2000년대에 들어 이라크전쟁, 아프가니스탄전쟁으로 인해 무너지기 시작하자, 그것에 반비례한 중국경제의 급속한 발전에 수반하여 중국의 전통문화에 대한 긍정적 평가가 더욱 강화되었다. 경제에서의 '중국모델'의 타당성을 둘러싼 당시의 논의도 중국의 독자성을 선양한다고 하는 의미에서는 동공이곡(同工異曲)이라고 볼 수 있다. 2008년에 일어난 미국발 리만쇼크에 의한 세계적 금융위기 속에서 중국만이 경제성장을 유지할 수 있었던 것도 그러한 자신감을 더욱 고취시켰다.

지식인들의 분열 - 신좌파와 자유주의파

이러한 상황 속에서 중국 지식인의 방향성은 크게 두 갈래로 나뉘게 되었다.

하나는 '신좌파(新左派)'라고 불리는 입장이다. 1994년 매사추세츠공과대학의 정치학 조교였던 추이즈위안(崔之元, 1963~)이 중국이 개혁개방정책에 따라 무비판적으로 구미의 제도를 도입해왔다고 비판하고 인민공사(人民公司) 등 사회주의시대의 시책을 중국의 전통에 적합한 것으로 재평가하는 논문을 홍콩의

한 잡지에 발표했다.(「제도 창신과 제2차 사상해방」) 추이즈위안의 이러한 주장은 글로벌리제이션과 자유주의의 한계를 포스트모더니즘의 입장에서 비판하고 문혁 이전의 실천을 재평가하고자 한 것이다. 오늘날 이러한 입장에 선 대표적 논자로 왕후이(汪暉, 1959~)가 잘 알려져 있다.

또 다른 갈래는 자유주의파(自由主義派)라고 불리는 입장으로, 1980년대의 계몽주의를 계승하여 중국의 후진성을 전제로 한 글로벌리제이션에 동조하고 본래 있어야 할 자본주의, 자유주의, 대의제민주주의를 지향할 것을 주장하는 지식인들이다. 위안웨이스(袁偉時, 1932~), 쉬요우위(徐友漁, 1947~), 친후이(秦暉, 1953~), 류샤오보(劉曉波, 1955~2017) 등이 저명한 논자로 꼽힌다.

신좌파의 주장은 자유주의 비판과 사회주의적 평등의 중시, 중국의 독자성의 강조라고 하는 점에서 공산당정권의 공정 내셔널리즘과 겹치는 부분이 있다. 또한 서양근대 비판, 글로벌리제이션 비판, 포스트모더니즘적 주장으로 서구의 급진적 지식인으로부터 긍정적 평가를 얻었다.

한편 자유주의파의 주장은 인권과 티베트를 포함한 비한인 에스닉집단의 권리의 존중, 대의제민주주의로 대표되는 근대 서구적 가치관의 중시라고 하는 점에서 공산당정권 및 문화 내셔널리즘의 주장과는 충돌하는 지점이 있다. 실제로 저명한 자유주의파 지식인 중에 언론탄압의 대상이 된 이들도 많다. 2008년 류샤오보의 '영팔헌장(零八憲章)'에 대한 해외의 평가와 노벨평화상 수상과 같은 사례에서 짐작할 수 있는 것처럼, 그들이 서구 국가들의 자유주의층으로부터 지지를 받고 있다는 점은 중국정부의 태도를 더욱 경직시키고 있다.

1999년에는 앞서 언급한 미군에 의한 주유고슬라비아 중국대사관 폭격사건 후 인권옹호를 위해 국가주권을 침해하는 것이 정당화될 수 있는가의 문제를 둘러싸고 논쟁이 일어났는데, 신좌파는 불가능하다는 입장을, 자유주의파는 가능하다는 입장을 취해 상호 대립했다. 2001년의 중국의 WTO 가맹을 둘러싼 논쟁에서도 신좌파는 반대하고 자유주의파는 지지하는 대립축이 형성되었다.

2008년에도 쓰촨대지진 때의 각국의 지원을 계기로 인권, 자유, 민주, 헌정 등이 '보세가치(普世價値, 세계의 보편적 가치)'로서 인정되는가 여부를 둘러싸고 논쟁이 발생했다. 자유주의파가 이것을 긍정하는 입장을 취한 데 반해 중국사회과학원 및 교육부, 『인민일보』와 같은 정부계 기관과 미디어는 인권개념은 서양이 중국을 압박하기 위한 것이라는 견해를 밝혔다.

중국의 전통문화의 재평가와 서구근대화 주장이라고 하는 입장의 대립은 제1차 세계대전 후의 동서문화논쟁 이래 계속되어 왔다. 이 가운데 중국 지식인의 주류는 후자의 입장에 의거한 근대국가건설과 국민통합을 선택해왔다. 그러나 최근 들어 서구적 근대에 대한 의구심의 고조와 중국의 경제발전에 따라 전통문화를 중국 내셔널리즘의 핵심으로 자리매김하려는 지향이 전례가 없을 정도로 강화되었다. 현재 시진핑정권이 언론통제를 강화하고 있다는 사실에서 알 수 있듯이 자유주의파에 대한 역풍이 거세다.

한편으로, 청말 이래의 중국 지식인들에게 내셔널리즘에 의한 국가통합이 일관되게 최대의 과제로 여겨졌던 것, 공산당이 애국주의와 국제주의는 모순되지 않는다고 규정했던 데서부터 현대 중국의 지식인들에 이르기까지, 내셔널리즘 비판이라고 하는 문제에 대한 관심은 총체적으로 약하다고 볼 수 있다.

'대일신사고(對日新思考)'의 좌절

역사인식 문제와 대만 문제가 정치적 쟁점이 된 한편, 중일의 경제관계는 급속히 확대되어 2007년에는 미국을 제외하고 중국이 일본의 최대 무역 상대국이 되었다.

2002년에 후진타오(胡錦濤, 1942~)가 당총서기에 취임하면서 장쩌민 시대에 악화되었던 중일관계가 개선되기 시작했다. 같은 해에는 『인민일보』의 평론가 마리청(馬立成), 중국인민대학 교수 스인홍(時殷弘) 등이 '대일신사고'를 제기하여 역사인식 문제와 중일관계를 분리할 것을 주장했다. 실제로 역사교육에 있어서도 2001년 제정 후 2004년에 수정된 전일제 의무교육 역사과정표준에서 난징사건 등 중일전쟁에 관한 기술이 대폭 줄어들었다.

그럼에도 불구하고 이 시기에 중일관계가 개선되지 못했던 요인 중의 하나로 중일 사회에서 내셔널리즘이 고조되었다는 점을 들 수 있다. 2001년의 자민당 총재선거에 입후보했던 고이즈미 준이치로(小泉純一郎), 카메이 시즈카(亀井静香), 아소 다로(麻生太郎) 등은 모두 수상 취임 후 야스쿠니신사 공식 참배를 내걸고 보수층을 향해 지지를 호소했다. 같은 해 8월 고이즈미 수상이 야스쿠니신사를 참배했으나 중국정부는 억제적 비판 정도로 그쳤고, 고이즈미 수상은 10월에 루거우차오의 중국인민항일기념관을 방문하여 그것을 높이 평가했다. 그러나 2002년 이래 고이즈미가 야스쿠니신사를 계속 참배하자 후진타오의 대일 융화적 태도는 당 안팎에서 내셔널리즘에 기반하여 강한 비판을 받게 되었다.

여기에 더해 2003년에 치치하얼에서 발생한 구일본군이 유기한 독가스탄에 의한 사상사건, 주하이(珠海)에서 발생한 일본 건설회사에 의한 집단매춘사건, 시안 시베이대학 일본인 유학생들의 외설적 촌극으로 인해 불거진 충돌사건 등이 일어나자, 중국 학생들이 격렬한 반일운동을 전개했다. 2004년 베이징에서는 아시안컵 축구 결승전에서 중일이 맞붙었는데, 중국인 서포터즈가 일본팀을 향해 격하게 야유를 퍼붓고 일부가 폭도화되는 사건도 발생했다.

이 사건들은 국내에서의 후진타오의 입장을 더욱 곤란하게 만들었을 뿐 아니라, 일본에서도 크게 보도되면서 일본사회의 반중감정을 더욱 고조시키는 악순환을 초래했다. 2004년에 시행한 여론조사는 일본사회의 '중국에 대한 친밀감'이 천안문사건 시기부터 계속해서 하락하고 있음을 보여준다. 이처럼 경제관계는 확대되는 반면에 정부 간의 관계는 점차 냉랭해진 양국과의 관계를 두고 '정냉경열(政冷經熱)'이라고 평가하기도 했다.

2005년의 반일시위 - 중일 국민감정의 충돌

이러한 중일관계 악화가 가장 극심하게 나타난 사건이 2005년에 발생한 중국에서의 대규모 반일운동이다. 그해 유엔 안보리 개혁에 따라 일본의 상임이사국 가입 가능성이 점쳐지자 미국의 화인계 단체가 인터넷상에서 반대운동을 개시하게 된다. 고이즈미 수상이 야스쿠니신사를 참배했던 같은 해에 일본의 교과서 검정에서 '새로운 역사교과서를 만드는 모임'의 교과서가 통과되는 일이 겹치면서 중국 내에서도 일본에 대한 비판이 고조되었다. 각지에서 대규모의 반일 시위가 일어났고 일본계 기업에 대한 습격 사건도 발생했다.

그림 5-7. 일본제품 불매운동을 주장하는 베이징의 시위(2005년, 요미우리신문사)

이처럼 양국 정부의 의도를 넘어 사회에서 서로를 적대시하는 내셔널리즘 감정의 고양이 주요 요인으로 작용하여 중일관계가 악화일로를 걸었던 것이

이 시기이다.

　일본에서는 1990년대 중반부터, 중국에서는 2000년경부터 인터넷이 급속도로 보급되었는데 이것이 내셔널리즘을 고양시킨 원인 중 하나였다. 중국에서는 '분청(憤靑, 분노하는 청년)'이라고 불린, 현실에 불만을 가진 젊은 층에 의한 과격한 내셔널리즘 주장이 인터넷상에 퍼지면서 주목을 받았다. 일반적으로 이들은 시장경제 도입에 따른 빈부격차의 확대와 글로벌리제이션에 의한 일종의 정체성 위기에 직면하여 내셔널리즘에서 자신의 정체성의 기반을 구하고자 한다고 지적된다. 물론 이것은 중국에만 한정된 것은 아니고 오늘날 구미와 일본, 이슬람세계 등지에서 나타나는 현상들과 궤를 같이한다.

　중일 정부 모두 지지를 획득하는 수단으로 내셔널리즘을 이용하려 했으나 그것이 오히려 통제가 어려운 '아래로부터의' 내셔널리즘을 고조시켜 자신의 손발을 묶게 되었다고 볼 수 있다.

영토·영해 문제의 부상과 억제

　2006년에 제1차 아베 신조(安倍晉三) 내각이 성립하자 중일 쌍방이 서로 양보하여 야스쿠니신사 참배를 둘러싼 대립은 일단 진정되었다. 아베의 중국 방문에 이어 2007년에는 원자바오(溫家寶) 총리, 2008년에는 후진타오 주석이 일본을 방문했는데, 이를 두고 중일 간에 "얼음을 깨는 여행(破氷之旅)", "얼음을 녹이는 여행(融氷之旅)"이라는 수식어가 붙기도 했다.

그러나 2008년에는 일본에서 중국제 수입 만두에 의한 중독사건이 일어나 중국제품에 대한 비난 보도가 이어지고, 티베트동란과 관련하여 베이징올림픽의 성화 릴레이가 각국에서의 항의행동으로 인해 저지되는 등의 충돌이 발생하자, 일본사회의 중국에 대한 감정은 악화된 채 회복되지 않았다. 다만 쓰촨대지진 때 일본구조대의 활동이 중국사회에서 높이 평가되면서 중국의 대일 감정이 상대적으로 개선되기도 했다.

한편, 이 무렵부터 중국의 대외 마찰의 새로운 요인으로 부상한 것이 바로 영토문제이다. 중국정부는 1992년에 영해 및 인접지역법(領海及毗連區法, 영해법)을 제정하고 대만, 펑후제도, 센카쿠제도, 시사제도, 난사제도 등을 '영토'로 명기했다. 이 시기에 중국이 이처럼 해양권익 보호 움직임을 강화한 배경에는 중소관계 개선에 따라 내륙으로부터의 군사적 위협이 완화되었기 때문이다. 더욱이 1991년의 중소동부국경협정, 1994년의 중러서부국경협정, 2004년의 동부국경에 관한 보족협정에 따라 오랜 현안이었던 중러 간의 국경문제가 해결되었다. 그 이후 오늘날까지 중국과 러시아는 매우 긴밀한 관계를 맺고 있다.

1996년에는 대만, 홍콩의 '댜오위다오 보호(保釣)' 활동가가 센카쿠에 상륙을 시도하다 한 명이 익사하는 사건이 발생했다. 그로 인해 홍콩에서는 '댜오위다오 보호'를 내건 시위가 일어났고 또다시 센카쿠로 향하던 어선에서 여러 명이 섬에 상륙하는 사건이 일어났다. 다만 이러한 민간의 영토 내셔널리즘의 고양에 대해 당시 중국과 대만정부는 여전히 억제적 자세를 취하고 있었다. 중국에서는 1995년에 첸치천(錢其琛) 외교부장이 덩샤오핑의 외교방침인 '도광양회(韜光養晦, 재능을 숨기고 때를 기다린다는 뜻)'를 다시 제기하면서 외교행동을 자제할 것을 주장했다.

2003년에 샤먼에서 중국민간보조연합회(中國民間保釣連合會)가 설립되었고, 다음 해인 2004년에는 동회 회원이 중국대륙에서 처음으로 댜오위다오에 상륙하는 사건도 일어났다. 하지만 이에 대한 중국정부의 태도는 여전히 억제적이었다. 2008년에는 중일 양 정부가 '동중국해에서의 중일 간 협력에 관하여'라는 주제로 발표를 하고 동중국해의 석유가스전의 공동개발에 합의했다.

2010년 센카쿠열도 어선충돌사건과 시진핑의 등장

이러한 상황에 커다란 변화를 가져온 것이 2010년에 센카쿠열도 인근 수역에서 중국어선과 단속 중이던 일본 해상보안청 순시선의 선체가 충돌하면서 발생한 일명 센카쿠열도 어선충돌사건이다. 일본정부가 중국어선의 선장을 체포하자 중국정부가 강하게 반발했고 희토류 금수 조치 등을 포함한 강경한 수단을 구사하며 항의했다. 중국 각지에서도 시위가 일어났다.

2012년에 일본정부가 센카쿠열도의 댜오위다오 등을 민간의 소유자로부터 구입하고 국유화하자 중국은 다시 이 문제에 대해 강도 높게 항의했다. 각지에서 폭력적 반일시위 및 일본제품 불매운동이 전개되었다. 2012년은 1972년의 중일국교정상화로부터 40주년이 된 해이기도 해서 양국에서 여러 교류사업을 기획하던 상황이었는데 결과적으로 행사 규모가 축소되거나 개최가 중지되는 등 상당한 여파가 미쳤다.

같은 해에 당총서기에 취임한 시진핑(習近平)은 '중국몽'을 슬로건으로 내걸고 내셔널리즘에 의거한 자세를 보다 명확히 표명했다. 2013년에 미국을 방문한 시진핑은 버락 오바마 대통령과 회담을 열어 대만을 포함한 중국의 '핵심적 이익'을 존중할 것을 요청했다. 같은 해에 중국 국방부가 센카쿠열도와 한국과 계쟁(係爭)중인 이어도(중국명, 쑤옌자오蘇巖礁) 등을 포함한 동중국해에서의 방공식별권역의 설정을 발표하면서 한국, 일본의 반발과 미국의 경계심을 야기시켰다.

2012년 중국이 남중국해에

그림 5-8. 시진핑(1953~)
산시성 출신. 문혁 중에 아버지 시중쉰(習仲勳)의 실각에 따라 하방되었다. 후에 푸저우시 당위서기, 저장성 당위서기, 상하이시 당위서기 등을 거쳐 중앙정치국 상무위원이 되었다. 후진타오의 뒤를 이어 당총서기, 중앙군사위원회 주석, 국가주석에 취임했다.(요미우리신문사)

대해서도 중사·시사·난사제도에 걸친 행정구획 '삼사시(三沙市)'의 설치를 발표하자 이에 베트남, 필리핀 등이 강하게 반발했다. 2014년에는 중국이 베트남 인근 해역에서 석유 탐사를 벌인데 대해 베트남에서 대규모 반중폭동이 일어났다. 같은 해에 중국이 난사제도의 암초를 매립하고 비행장 건설공사를 추진하면서 미국의 개입이 강화되었다. 2016년 필리핀이 제소한 헤이그의 상설중재재판소에서는 중국이 영유권을 주장하는 도서가 섬이 아닌 암초라고 판단하여 그것을 부정하는 판결을 냈지만, 중국 정부는 동 재판소가 관할 밖의 사안을 판정한 것이라는 이유로 이를 받아들이지 않았다.(「남중국해에서 어떤 일이 일어나고 있는가」)

이러한 중국의 행동에 영토·자원 내셔널리즘, 현 공산당 지도부 내의 파벌대립, 군과 석유 부문의 이권다툼과 같은 여러 복잡한 요소가 얽혀있는 것은 분명하지만, 현시점에서 그 상세한 내용을 알기는 어렵다.

다만 본서의 내용과 관련하여 하나 지적할 수 있는 것은 이러한 마찰의 배후에 현행 국제질서와 법체계 자체에 대한 중국의 강렬한 불신과 불만이 존재하고 있다는 점이다. 중국은 청말 이래 근대화를 도모하고 서양의 방식에 자신을 맞춤으로써 국제사회에서 인정받으려 해왔다. 그러나 그러한 시도를 방해했던 것 또한 다름 아닌 서양이고 일본이었다. 이러한 사고로부터 서양 중심의 국제적 룰 자체가 중국에 불리하게 작용하고 있다고 하는 사고방식이 뿌리 깊게 박히게 되었다.

이로부터 도출된 것이 국제사회에 국가를 넘어서는 권위와 가치, '공리'는 존재하지 않으며 자국의 권익은 실력(實力)으로 획득하고 보장하는 수밖에 없다고 보는 철저한 리얼리즘이다. 그러나 이러한 사고방식은 실은 바로 서구적 근대의 국제관계관 그 자체이다.

본서에서 살펴본 것처럼 청말 이래의 정부 및 지식인들은 일관되게 서양과 일본 혹은 소련을 모델로 삼아 '중국'이라는 국민국가를 만들고자 했다. 그런 의미에서 보면 국민국가 '중국'을 단위로 삼아 서양의 방식을 비판한다고 하는 행위 자체가 일종의 피하기 힘든 딜레마를 내포하고 있다고도 볼 수 있다.

'대국' 중국의 향방

중국공산당의 변용

마오쩌둥이라고 하는 압도적 카리스마를 지닌 지도자가 사망한 후 중국공산당은 통치의 정당성을 어떻게 확보할 것인가라는 중대한 문제에 직면했다. 개혁개방 정책은 중국에 경제발전을 가져온 한편, 사회주의체제의 심각한 형해화를 초래했다.

이러한 가운데 장쩌민이 2000년에 제기한 것이 '3개대표'론이다. 이 3개대표론은 중국공산당이 "선진적 생산력의 발전, 선진적 문화의 전진, 가장 광범위한 인민대중의 근본적 이익"을 대표해야 한다는 것이다. 중국공산당은 다음 해에 사영기업가(자본가)의 입당을 허용했고, 2002년에 열린 제16차 전국대표대회에서는 중국공산당장정(당규약)을 개정하여 "중국공산당은 중국노동자계급의 전위임과 동시에 중국인민과 중화민족의 전위이다"

라고 명기하였다.

이것은 중국공산당이 종래 계급투쟁론과 사회주의를 통치 정당성의 원리로 삼았던 계급정당(인민의 대표)에서 내셔널리즘을 통치 정당성의 원리로 삼는 국민정당(민족의 대표)으로 크게 방향을 전환했음을 보여준다. 이후 사회주의식 일당독재의 유지와 자본주의적 시장경제의 추진이라고 하는 딜레마를 억제하는 수단으로 내셔널리즘이 더욱 중시되고 있다.

본래 공산당정권에 있어 통치의 정당성은 공산당만이 진리인 사회주의사상에 기반하여 '인민'을 이끌어갈 수 있다고 하는 논리를 통해 담보되었다. 그러나 시장경제 도입 이후의 공산당은, 자신들의 정권이 '국민'의 이익을 실질적으로 대표하고 있다는 것을 증명하는 식으로 통치를 정당화할 수밖에 없게 되었다.

여기서 '실질적으로'이라고 하는 것은 제도적으로 중국공산당이 민의의 반영을 표방할 수 있는 대의제 민주주의를 취하지 않는 이상 공산당의 통치가 국민의 지지를 얻고 있는가 여부를 형식적으로 보여줄 도리가 없기 때문이다. 이것은 정당성의 면에서 대의정체를 취하는 체제에 비해 공산당의 통치가 상대적으로 불안정할 수밖에 없는 구조적 이유로 작동하고 있다. 외부에서 보면 중국정부가 과민하다고 생각될 정도로 국내외 언론의 동향과 인터넷상의 여론에 신경을 곤두세우고 있는 것은 바로 그 때문이다.

더욱이 지도자의 교체가 제도화되어 있지 않아 당내에 늘 격렬한 권력투쟁이 발생하는 것 역시 공산당 간부들이 인터넷상의 민족주의자들로부터 무기력하다고 평가받을까 필요 이상으로 조심스러워하는 원인으로 작용하고 있다. 또한 그들은 문화대혁명과 천안문사건의 경험을 통해 어떠한 것이건 통제불능한 아래로부터의 움직임과 질서의 동요가 발생하는 것에 대해 비상한 경계심을 가지게 되었다. 여기에 내셔널리즘을 통치의 정당성 확보에 이용하면서도 그것이 자신의 통제를 넘어 분출하는 것에 대해서는 일관되게 경계심을 가지는 현재의 공산당정권의 딜레마가 존재하며, 애국주의를 둘러싼 정책은 이 사이에서 급진화와 억제를 계속 반복하고 있다.

'대국' 중국의 향방

중국은 줄곧 청말 이래 아편전쟁으로 시작된 '국치'를 설욕하는 것, 부국강병을 실현하고 불평등조약을 철폐하고 열강과 대등한 입장에 서는 것, 빼앗긴 영토를 되찾고 자신이 '중국'이라고 여기는 공간적·네이션의 범위를 통일하는 것을 최대의 목표로 삼아왔다.

중화민국이 제2차 세계대전 중에 불평등조약 개정에 성공한 데 이어, 전후에 청일전쟁 이래 잃었던 영토를 되찾고 UN 안보리 상임이사국이 되었던 것은 그 목표가 일단은 달성되었음을 의미하는 것이었다. 중화인민공화국의 마오쩌둥시대에는 '국치'가 이미 극복되었다고 여겼다.

그러나 실제로는 그 이후에도 중국지도부는 거의 일관되게 미소 2대 슈퍼대국의 침공 가능성에 겁을 냈고 고도경제성장을 이룬 이웃국가로부터의 낙오도 통감하고 있었다. 그리하여 동서냉전기에도 중국은 자신을 '약자'로 인식했다. 1970년대부터 덩샤오핑시대에 걸쳐 추진된 중국의 실용주의적 대외교섭은 그 지점을 잘 나타낸다.

중국이 비약적 경제발전을 이룬 결과, 2010년대에 들어서면 근대 이래 처음으로 중국이 진짜 '대국'이 되었다고 보는 견해가 확산되었다. 그러나 이것은 역으로 그때까지 타국으로부터의 침략을 막는 것, 타국과 대등해지는 것을 일관된 목표로 삼아온 중국에게 있어서는 목표의 상실을 의미하는 것이기도 했다. 『재팬 애즈 넘버원(Japan as number one)』(에즈라 보겔) 등으로 상징되는 1980년대 일본의 경우와 비슷한 상황이라고 말할 수 있을지도 모르겠다. 이 책이 2016년에 처음 중국어로 번역되어 널리 읽혔다는 사실은 매우 시사적이다.

돌연 '대국'이 되고만 자신이 어떻게 행동해야 하는가라는 물음에 중국정부는 명확한 답을 가지고 있지 않다. 현재도 중국은 국제협력의 장면에서는 도상국 혹은 도상국의 대표로 행동하는 경우가 있다. 강경한 대외 자세의 배후에 불안이 감지되기도 한다. 이것은 중국정부가 자신의 행동에 대한 타국의 반응에 과도하게 신경을 곤두세워 중국외교를 불안정화시키는 요인이기도 하다.

중국정부는 서양에서 유래한 인권 및 헌정이 보편적 가치관은 아니라고 강하게 반발하면서도, 그것을 대체할 수 있는 보편성을 가진 가치 요컨대 국가주권과 내셔널리즘을 넘어서는 가치를 보여주지 못하고 있다. 국가주권도 내셔널리즘도 그 자체가 서양을 중심으로 한 근대 국제사회의 산물이라는 점은 말할 필요도 없다.

중국공산당이 세계에서 통용되는 '소프트파워'의 창출에 힘을 기울여야 한다고 강조한 적은 있었지만 공허한 전통문화의 자찬이 외부로부터 존경을 불러일으키는 것은 결코 아닐 것이다. 이 지점에서도 현재 중국의 자기인식과 타자의 인식 사이에 심각한 괴리가 발생하고 있다.

다른 한편으로 개혁개방 이래의 시장경제에 대응하여 법을 정비하는 과정에서 청말부터 중화민국기에 걸친 근대국가건설과 헌정 시도의 경험이 참조되고 있다는 점도 지적할 수 있다. 중국과 그 내셔널리즘이 중화민국기까지 추진된 '보통국민국가' 건설 및 기존 국제질서와 가치관의 수용으로 나아갈 것인가, 그렇지 않으면 '중국 특색 사회주의'의 이름하에 현행 체제를 유지하려는 노력을 계속할 것인가는 앞으로 지켜볼 수밖에 없다.

본서 집필의 말을 준비하면서 크게 두 가지를 생각했다. 하나는 지난 20년에 걸쳐 중국근현대사 분야에서 축적되어온 중국 내셔널리즘 연구의 개요를 독자들에게 가능한 알기 쉽게 소개할 수 없을까 하는 것이다. 또 하나는 저자를 포함한 중국근현대사 연구자들이 사료적 제약 등의 요인으로 중화인민공화국 성립 이전을 주된 연구대상으로 삼아왔다는 점이다. 그로 인해 정치학 분야 등에서 다뤄지고 있는 1980년대 이후의 중국 내셔널리즘 연구와의 사이에 단절과 논의의 비약이 존재해왔다. 그래서 다소 거친 방식이기는 해도 청말부터 현재까지를 연속적으로 논할 수 있는 시좌를 제시할 수는 없을까라는 문제의식을 가지고 있었다. 이상의 의도가 어느 정도 충족되었는지에 대해서는 독자들의 엄격한 비판을 기다리고자 한다.

본서의 내용은 사이타마(埼玉)대학 교양학부에서 2015년에 진행한 강의를 바탕으로 그것을 대폭 수정한 것이다. 작업 중반까지는 주코신서(中公新書) 편집부의 시라토 나오토 씨에게 담당을 부탁드렸고 그 후에는 요시다 료코 씨가 이어서 맡아주셨다. 주의 깊고 신중한 교정작업에 특히 감사를 표한다.

2017년 5월 오노데라 시로

중국을 '새롭게' 읽는 방법

중국 후베이성에 위치한 우한이라는 도시는 역사적으로 그 의미가 깊다. 가까운 근대사만 보더라도 2천 년간 지속된 황제지배 체제를 무너뜨리고 공화국이라는 근대적 정치체를 가진 중화민국을 출범시킨 1911년의 '혁명'이 바로 이 우한에서 발원하였다. 신해혁명의 기운은 중국 전역뿐 아니라 당대 동아시아에 공화주의를 확산시켰다. 그런데 2020년 현재, 우한이 전 세계적으로 다시 각인되는 계기가 발생했다. 이제 우한은 신종 전염병의 발원지라는 오명을 쓰고 전염 확산을 막는다는 명분하에 봉쇄된 채 재난의 한가운데 서 있다. 무엇보다 전염병은 중국이라는 국가 범위에 한정되는 것이 아니라는 점에서 그 자체로 여러 난제들을 내포하고 있다. 이렇게 보면 100여 년의 시차를 두고 공화혁명의 확산과 전염병의 확산이라는 상반된 의미의 사건이 벌어진 우한은 마치 혁명의 발원지에서 재난의 발원지로 그 상징성 자체가 뒤바뀌어버린 것처럼 느껴지기도 한다.

역자 후기의 서두에서 이러한 우한의 장소성에 관한 이야기를 길게 늘어놓는 것은 당연히 우한 자체를 논의에 올리고자 함이 아니다. 이것이 오늘날 중국과 관련된 시의적절한 주제이기도 하면서 무엇보다 중국을 보는 인식의 문제를 진단하는 데 도움을 준다고 여기기 때문이다. 여기에서 강조하고 싶은 것은 크게 두 가지이다. 하나는 중국을 인식하는 태도 자체가 중국에 대한 한국사회의 논의 지형을 구성하고 제약한다는 점이고, 다른 하나는 한국과 중국의 긴밀한 연관성 및 그 불가피성에 관한 문제이다.

우한을 비롯한 중국 제 지역으로부터 안타까운 소식이 속속 전해지고 있지만 다른 재난적 상황과는 달리 연대의 언어에 힘이 잘 실리지 않는 듯도 보인다. 기존에 형성되어 있던 중국에 대한 부정적 감정이 통제불가능해 보이는 바이러스에 대한 두려움에 덧입혀져 한층 더 강화되고 있다. 게다가 중국과 가까운 지리적 거리와 다면적 교류로 말미암아 전염병 확산에 대한 우려가 다른 지역에 비해 더 크게 증폭되는 것도 사실이다. 전염병 문제를 다루는 중국 정부의 대응방식이 비판받는 가운데 현대 중국의 권위주의 체제와 후진성에 근거한 인종주의적 인식에까지 다다르고 있다. 전 세계적으로 보면 오리엔탈리즘이 강력하게 작동하면서 중국인을 비롯한 아시아인에 대한 무수한 차별의 사례들이 양산되고 있고 그것이 우리가 중국/인을 부정적으로 인식하는 근거로 다시 활용된다.

전염병의 문제는 중국으로부터의 영향을 직접적으로 가시화한다는 점에서 더욱 극적이지만, 주지하듯이 역사적으로 한국과

중국 내셔널리즘

중국 간의 상호 연동성 및 관련성은 지리적 근접성과 문화적 친연성에 따른 상수였다. 여기에 규모의 비대칭성과 역사적 경험의 차이 등 다양한 요소들이 함께 작용하면서 중국에 대한 모종의 인식체계가 형성되었다고 할 수 있다. 중국에 대한 인식 여하는 시기에 따라 다양한 양상을 띠어왔지만, 최근 들어서는 부정적 인식이 사회 전반을 지배하고 있을 뿐 아니라 그것이 심지어 혐오 정서로까지 옮아가고 있는 형국이다. 재난 속에 처해 있는 중국을 향한 연대의 목소리가 잘 들리지 않는 것은 이러한 사정과 관련되어 있을 것이다.

중국사 공부를 업으로 삼고 있는 연구자로서 한국사회에서 점차 악화되고 있는 부정적 중국 인식의 문제는 여간 곤혹스러운 부분이 아닐 수 없다. 여기서 말하는 곤혹스러움의 정체는 부정성 그 자체라기보다는 중국에 대한 이해방식이 다양한 인식 형성의 계기와 상관없이 고정된 채 결과적으로 중국을 탈역사화해 버릴 우려를 갖고 있기 때문이다. 앞서 언급했듯이 중국과의 긴밀한 관계맺음이 불가피한 이상 '중국은 우리에게 과연 무엇인가'를 묻는 것은 한국의 입장에서 매우 종요로운 과제이다. 그런데 만약 중국을 형상화하는 지식과 정보가 기존에 가지고 있던 중국에 대한 고정관념이나 편견을 강화하는 방식으로밖에 작동하지 않는다면 그것은 큰 문제가 될 수밖에 없다. 그런 점에서 오늘 우리에게는 '중국을 어떻게 인식해야 하는가'라는 조금 다른 질문이 필요하다.

『중국 내셔널리즘』은 바로 그러한 물음에 대한 하나의 답을 제시하고 있다. 중국의 내셔널리즘과 관련된 제 양상에 대한 역사적 설명을 시도하고 있는 이 책은 문제의식 차원에서 중국 인식의 형성맥락에 대한 비판적 물음에 기반해 있다. 저자인 오노데라 시로는 책의 서문에서 기존에 중국의 내셔널리즘을 해석해온 두 가지 대립되는 견해를 제시하는 가운데, 양자가 내셔널리즘의 기원을 '현재'와 '과거'에서 각기 달리 찾는 듯 보이지만 '통시적인 변화'를 시각에 담고 있지 못하다는 점에서 공통된 한계를 노정하고 있다고 지적한다. 그가 강조하는 통시적 변화란 "역사로 중국을 읽는" 방법을 통해 비로소 포착해낼 수 있는 것이다.

역사학적 관점 및 방법론을 통해 중국을 해석한다는 문법 자체는 익숙하고 어쩌면 당연한 것으로도 느껴질 수 있다. 하지만 이것이 뜻깊은 작업일 수 있는 이유는 그 당연함에도 불구하고 현대 중국에 대한 통시적 해석이 시도된 경우가 좀처럼 없었기 때문이다. 1980년대 이후의 중국은 대개 정치학 분야를 중심으로 다뤄지는 경우가 많았다는 저자의 언급에서 짐작할 수 있듯이, 오늘의 중국을 근대 이래의 역사적 과정의 산물로서 긴 역사적 호흡을 가지고 읽어내는 일은 결코 쉬운 작업이 아니다. 그런 의미에서 『중국 내셔널리즘』의 시도는 '새롭고' 또 가치롭다. 내셔널리즘을 키워드로 중국의 역사성을 비판적으로 조명하고 있는 이 책은 중국 문제를 다뤄온 한국사회의 논의 지형을 점검하고 기존의 획일화된 질문 양식을 다변화시키는 데 기여할 수 있을 것이다.

중국의 내셔널리즘, 중국적 내셔널리즘

여기서 책의 내용 전체를 굳이 요약할 필요는 없겠다. 대신 이 책이 가진 덕목을 언급하는 것으로 옮긴이로서의 역할을 감당하고자 한다. 덕목을 다른 말로 풀면 책을 번역하여 한국에 소개하는 것의 유용성 내지 의미 정도가 될 터인데, 우선 본서가 중국의 내셔널리즘이란 주제를 전면적으로 다루고 있다는 점을 그 첫 번째로 꼽을 수 있다. 물론 근대 이래의 중국의 역사상을 이해하는 데 내셔널리즘이라는 제재가 차지하는 중요성에 정비례하여 많은 관련 연구가 존재한다. 하지만 개별 연구 차원을 넘어 근현대를 관통한 내셔널리즘 형성사를 체계적이고 균형 잡힌 시각으로 서술한 경우는 거의 찾아보기 힘들다.

저자 오노데라 시로는 일본에서 크게 주목받고 있는 중국근현대사 연구자로서, 그간 민국기를 중심으로 근대 국민국가 형성과 민족주의의 관계, 일본 및 세계와의 사상연쇄의 문제 등을 폭넓게 다뤄왔다. 이 책은 19세기 말부터 현재까지 약 120년의 시기를 분석 범주로 하여 중국 내셔널리즘의 근대적 형성과정을 밝힘으로써, 저자의 말을 빌리자면 오늘의 중국을 "냉정하게 인식하고 그것에 대처하기 위해 필요한 지식"을 제공하는 것을 그 목표로 삼고 있다. 저자는 중국 내셔널리즘의 형성 맥락과 특징을 파악하는 데 필요한 방대한 역사적 지식을 매우 체계적으로 재구성하고 있다. 특히 역사학자다운 비판적 안목이 곳곳에 녹아 있다.

그런데 본서의 학문적, 사회적 가치에 대해 구체적으로 더 언급하기에 앞서 몇 가지 일러두고 싶은 점이 있다. 책에서 야스쿠니신사 참배나 센카쿠열도를 둘러싼 갈등 문제가 중요하게 다뤄지고 있는 데서 짐작할 수 있듯이, 저자가 요청한 '냉정한 인식'과 '대처에 필요한 지식'이 기본적으로 일본 독자들을 향해 있다는 점을 우선 염두에 둘 필요가 있다. 역사 갈등 등 동아시아 지역의 상호 연관적 문제를 다룰 때 대부분 중일 관계에 한정된 분석이 주를 이루고 있는 것 역시 그러한 이유이다. 다른 한편으로, 내셔널리즘의 한계와 딜레마를 인식하고 그것을 극복하고자 노력했던 많은 정치, 사상적 시도들이 거의 다뤄지지 않은 것은 같은 중국근현대사 연구자로서 다소 아쉬운 대목이다. 하지만 이러한 약간의 아쉬움을 덮고도 남을 만큼 본서의 가치는 충분하다.

다시 논의를 이어가 보자. 저자는 본격적인 서술에 앞서, 내셔널리즘의 이론적 정의를 기준 삼은 분석이 아니라 "근대 중국의 각 시대에 내셔널리즘 개념이 구체적으로 어떻게 이해되고 사용되었는지 자체를" 살펴보는 역사적 관점을 취할 것임을 재차 밝히고, 네 개의 참조축을 설정하여 구체적 논의를 이끌어가고 있다. 이에, 시대 상황에 따라 각 역사주체들의 내셔널리즘에 대한 이해 및 활용방식이 어떻게 변화했고 그 사이에는 어떤 공통점과 차이점이 있는지, 또한 어떤 한계가 노정되었으며, 이후 역사 전개과정에 미친 영향은 무엇인지 등을 정치하면서도 생동감 있게 묘사하고 있다. 또한 중국 내셔널리즘이 단일한 무엇이 아니라 계층적, 지리적 편차 등을 가진 복잡계였음을 잘 드러내고 있다. 그 과정에서 우리가 미처 알지 못한 사건이나 사회적 현상의 의미를 새롭게 알게 되기도 하고 국민당이나 공산당에 막연히 가지고 있던 고정관념이 깨지는 경험도 하게 된다. 이것이 이 책의 장점임은 분명한데, 이러한 흥미로운 독서를 통해 중국 내셔널리즘의 역학을 '다면적'으로 이해할 수 있게 됨은 물론 중국근현대사의 흐름과 시대상을 정합적으로 파악하는 데 크게 도움을 받을 수 있다.

무엇보다 이 책이 지니는 중요한 가치는 중국의 근대국가 형성과정의 보편성과 특수성을 함께 드러내는 데 있다. 오노데라 시로는 곳곳에서 이 점을 부각하고 있는데, 가령 네이션이 국가 성립에 우선하고 또한 객관적으로 존재한다는 발상 자체가 중국에만 한정된 것이 아니라 근대세계를 관통하는 매우 보편적 현상임을 강조하면서도, 광대한 판도와 복잡한 민족적 구성을 가지고 있는 중국의 경우 이것이 훨씬 강도 높게 의식될 수밖에 없었다고 설명하고 있다. 이를 역자 나름대로 표현한다면, 근대의 주요 동력인 내셔널리즘이 중국에서 발현되는 '중국의 내셔널리즘'과 중국적 맥락에서 그 역사적 특수성의 산물로서 형성된 '중국적 내셔널리즘'의 교차라고 할 수 있겠다. 그런 의미에서 이 책의 제목인 '중국 내셔널리즘'은 이 두 가지 문맥을 다 담아낼 수 있는 것이 아닐까 한다.

이처럼 중국 내셔널리즘이 발현되는 다층적 성격을 면밀하게 고려해야 하는 이유는 일차적으로 이로부터 실상에 가까운 이해가 가능하기 때문이다. 그 결과 중국에 대한 부정적 인식이 전제된 상태에서 원래 그렇다는 식으로 중국을 몰역사적으로 규정하거나 타자화하는 입장에서 벗어날 수 있게 된다. 더욱 중요한 이유는 근대 국민국가 형성 과정에서 숱하게 배태된 억압과 규율권력의 문제를 우리도 포함된 보편사의 관점에서 비판적으로 인식하는 계기를 확보할 수 있기 때문이다.

성찰적 중국 이해의 출발

마지막으로 이 책의 의의로 짚어두고 싶은 것은 중국 내셔널리즘을 둘러싼 여러 의제들에 대해 비판적 인식과 성찰적 사유를 촉구한다는 점이다. 앞서 언급한 중국을 바라보는 인식 틀의 문제를 다시금 상기한다면 내셔널리즘이야말로 현대 중국 이해를 고착화시키는 대표적 기제가 아닐 수 없다. 특히 20세기 후반 이후 중국은 경제발전에 힘입은 대국화 움직임 속에, 대외적으로는 영토, 영해 문제를 비롯하여 자신의 국가적 이익을 극대화하려 하고 있고, 대내적으로는 사회주의 이념을 대체한 애국주의를 국민들의 새로운 결집축으로 적극 활용하고 있는 실정이다. 홍콩, 대만, 티베트 등지를 둘러싼 갈등이나 최근 문제가 불거진 '일대일로'의 지정학에 대한 우려와 같이, 내셔널리즘이 국민국가로서의 중국을 떠받칠 뿐 아니라 일종의 제국론으로까지 기능하는 것이 아닌가 여겨지기도 한다.

본서에서 잘 분석하고 있듯이, 이러한 외부의 비판에 대해 중국은 서구에서 유래한 인권, 헌정이 보편적 가치가 아니라든가 결국 중국을 분열시키기 위한 책동에 불과하다든가 하는 태도로 응수하고 있다. 중국 내셔널리즘에 대한 비판에 다시 내셔널리즘을 동원하는 형국이다. 물론 저자의 지적대로 주권과 영토 그리고 서구세력에 대한 중국의 민감함은 청말 이래 중국이 맞닥트린 근대의 성격 및 중국이 처했던 반식민지적 상황과 밀접하게 결부된 관성이라는 점도 충분히 감안되어야 한다. 예컨대 한국사의 맥락에서 이른바 내셔널리즘이 제국주의와 식민주의를 비판하는 '저항'적 역할을 감당했던 것처럼, 중국 역시 서구 중심적 세계체제를 비판적으로 재구성하는 방편으로 내셔널리즘을 활용하는 것이라고 볼 여지도 있다.

하지만 그럼에도 불구하고 중국이 서구적 보편주의를 대체할 수 있(다고 그 합리성이 인정되)는 가치, 요컨대 "국가주권과 내셔널리즘을 넘어서는" 대안적 가치를 제시하기는커녕, 오히려 근대 국민국가의 한계를 그대로 껴안고 중심·주변의 위계적 질서를 더욱 공고하게 만든다면 이는 자기소외적 상황을 초래할 수밖에 없다. 서구적 보편성을 넘어서고자 한다는 중국의 명분이 국민국가의 언어에서 조금도 벗어나지 못한 채 늘어놓는 자기변명이라면 "중국의 자기인식과 타자인식의 괴리"는 점차 심화될 것이기 때문이다.

"'민족'과 '애국'의 근현대사"를 거쳐온 중국은 어디로 갈 것인가. 우리는 앞으로의 중국의 향방에 대해 쉽게 단정할 수도, 그렇다고 그저 넋을 놓고 지켜볼 수만도 없다. 다만 중국과의 긴밀한 연관성이 한중 관계의 변하지 않는, 또한 불가피한 상수라면 '변화하는' 중국에 대한 다면적 관심과 비판적 개입이 필수적임은 분명하다. 그것은 누차 강조했듯 중국의 역사와 현실을 합리적으로 반영하고 비판적으로 파악할 수 있는 인식과 해석의 틀을 고민하는 일로부터 시작되어야 한다.『중국 내셔널리즘』은 바로 이러한 고민과 문제의식을 진전시켜 나가는 데 유용한 길잡이가 될 것이라고 확신한다.

감사의 말

이 책이 나오기까지 많은 분의 수고로움이 있었다. 둘째아이를 만나는 과정과 오롯이 함께 한 번역작업이었기에 남편과 온 가족의 값없는 도움 없이는 일을 해내기 어려웠다. 늘 그러하듯 그 고마움을 표현할 길 없다. 학문과 사회적 실천의 길이 결코 다르지 않음을 몸소 보여주시는 스승 백영서 선생님의 격려 덕분에

중국 내셔널리즘

부족함을 무릅쓰고 역사 연구자로서의 자리에 서 있다. 의미 있
는 책을 옮길 수 있는 기회를 주신 하세봉, 정혜중 선생님에 대한
인사도 빠트릴 수 없겠다. 무엇보다 거듭된 핑계를 대며 지연을
일삼은 역자의 부족함을 전폭적으로 이해해주고 기다려준 도서
출판 산지니의 강나래 편집자님을 비롯한 여러분들께 각별한 감
사를 표하고 싶다. 당연한 사족과 같은 말이지만 번역상의 오류
의 책임은 온전히 역자에게 있음을 밝혀둔다.

2020년 2월 서울 홍은동에서
김하림

참고문헌

전체

竝木賴壽 외 責任編輯,『新編原典中國近代思想史』1~7, 岩波書店,
  2010~11.
張競, 村田雄二郎編,『日中の120年―文藝・評論作品選』1~5, 岩波書店,
  2016.
劉傑, 三谷博, 楊大慶編,『國境を越える歷史認識―日中對話の試み』, 東
  京大學出版會, 2006.
川島眞, 服部龍二編,『東アジア國際政治史』, 名古屋大學出版會, 2007.

서장

アーネスト・ゲルナー, 加藤節監譯,『民族とナショナリズム』, 岩波書店,
  2000(원저 1983).
塩川伸明,『民族とネーション―ナショナリズムという難問』, 岩波書店,
  2008.
吉澤誠一郎,『シリーズ中國近現代史①淸朝と近代世界 19世紀』, 岩波書
  店, 2008.
岸本美緖,『中國の歷史』, 筑摩書房, 2015.
茂木敏夫,『變容する近代東アジアの國際秩序』, 山川出版社, 1997.
平野聰,『興亡の世界史17大淸帝國と中華の混迷』, 講談社, 2007.
岡本隆司,『近代中國史』, 筑摩書房, 2013.

제1장

川島眞,『シリーズ中國近現代史②近代國家への摸索 1894~1925』, 岩波書店, 2010.

吉澤誠一郎,『愛國主義の創成―ナショナリズムから近代中國をみる』, 岩波書店, 2003.

高島航,「軍隊と社會のはざまで―日本·朝鮮·中國·フィリピンの學校における軍事訓練」, 田中雅一編,『軍隊の文化人類學』, 風響社, 2015.

石川禎浩,「20世紀初頭の中國における'黃帝'熱―排滿·肖像·西方起源說」,『二十世紀研究』第3號, 2002.12.

石川禎浩,「近代東アジア'文明圈'の成立とその共通言語―梁啓超における'人種'を中心に」, 狹間直樹編,『京都大學科學研究所70周年記念シンポジウム論集·西洋近代文明と中華世界』, 京都大學學術出版會, 2001.

小野寺史郎,「梁啓超と'民族主義'」,『東方學報』第85冊, 2010.3.

小野寺史郎,「19世紀末日中における'記念'の語義變化について」, 石川禎浩, 狹間直樹編,『近代東アジアの飜譯概念の展開』, 京都大學人文科學研究所付屬現代中國研究センター, 2013.

村田雄二郎,「中華民族論の系譜」, 飯島涉, 久保亨, 村田雄二郎編,『シリーズ20世紀中國史1中華世界と近代』, 東京大學出版會, 2009.

小野信爾,「辛亥革命と革命宣傳」,『靑春群像―辛亥革命から五四運動へ』, 汲古書院, 2012.

村田雄二郎,「孔敎と淫祠―淸末廟産興學思想の一側面」,『中國―社會と文化』第7號, 1992.6.

藤谷浩悅,『湖南省近代政治史研究』, 汲古書院, 2013.

辛亥革命百周年記念論集編輯委員會編,『總合研究辛亥革命』, 岩波書店, 2012.

Edward J. M. Rhoads, *Manchus & Han: Ethic Relations and Political Power in*

Late Qing and Early Republican China 1861~1928, Seattle: University of Washington Press, 2000.

제2장

Henrietta Harrison, *The Making of the Republican Citizen: Political Ceremonies and Symbols in China, 1911~1929*, Oxford: Oxford University Press, 2000.

小野寺史郎,『國旗・國歌・國慶―ナショナリズムとシンボルの中國近代史』, 東京大學出版會, 2011.

橘誠,『ボグド・ハーン政權の研究―モンゴル建國史序說 1911~1921』, 風間書房, 2011.

ベネディクト・アンダーソン著, 白石隆, 白石さや譯,『想像の共同體―ナショナリズムの起源と流行』, リブロポート, 1987(원저 1983).

エリック・ホブズボウム, テレンス・レンジャー編, 前川啓治, 梶原景昭他譯,『創られた傳統』, 紀伊國屋書店, 1992(원저 1983).

村田雄二郎,「'文白'の彼方に―近代中國における國語問題」,『思想』第853號, 1995.7.

山室信一,『複合戰爭と總力戰の斷層―日本にとっての第1次世界大戰』, 人文書院, 2011.

山室信一, 岡田曉生, 小關隆, 藤原辰史編,『現代の起點・第1次世界大戰 1世界戰爭』, 岩波書店, 2014.

吉澤誠一郎,「懷疑される愛國心―中華民國四年の反日運動をめぐって」,『思想』第1033號, 2010.5.

吉澤誠一郎,「五四運動における暴力と秩序」,『歷史評論』第681號, 2007.1.

吉澤誠一郎,「公理と强權―民國八年の國際關係論」, 貴志俊彦, 谷垣眞理子, 深町英夫編,『摸索する近代日中關係―對話と競爭の時代』, 東京大學出版會, 2009.

韓華, 『民初孔敎會與國敎運動研究』, 北京: 北京圖書館出版社, 2007.

坂元ひろ子, 『中國民族主義の神話—人種・身體・ジェンダー』, 岩波書店, 2004.

石川禎浩, 「東西文明論爭」, 『しにか』第8卷 第8號, 1997.8.

小野寺史郎, 「1920年代の世界と中國の國家主義」, 村田雄二郎編, 『リベラリズムの中國』, 有志舍, 2011.

제3장

石川禎浩, 『シリーズ中國近現代史③革命とナショナリズム 1925~1945』, 岩波書店, 2010.

石川禎浩, 「死後の孫文—遺書と紀念週」, 『東方學報』第79冊, 2006.9.

服部龍二, 『日中歷史認識—'田中上奏文'をめぐる相剋 1927~2010』, 東京大學出版會, 2010.

竝木賴壽, 大里浩秋, 砂山幸雄編, 『近代中國・敎科書と日本』, 硏文出版, 2010.

吉澤誠一郎, 「淸末時期の瓜分論にみる國土認識」, 『アジア民衆史硏究』第9集, 2004.5.

李恭忠, 『中山陵—一個現代政治符號的誕生』, 北京: 社會科學文獻出版社, 2009.

陳蘊茜, 『崇拜與記憶—孫中山符號的建構與傳播』, 南京: 南京大學出版社, 2009.

松本ますみ, 『中國民族政策の研究—淸末から一九四五年までの'民族論'を中心に』, 多賀出版, 1999.

段瑞聰, 『蔣介石と新生活運動』, 慶應義塾大學出版會, 2006.

深町英夫, 『身體を躾ける政治—中國國民黨の新生活運動』, 岩波書店, 2013.

吉田裕, 『シリーズ日本近現代史⑥アジア・太平洋戰爭』, 岩波書店, 2007.

張瑞德, 「戰爭與工人文化―抗戰時期大後方工人的認同問題」, 黃克武
主編, 『軍事組織與戰爭』, 臺北: 中央研究員近代史研究所, 2002.

Chang-tai Hung, *War and popular Culture: Resistance in Modern China, 1937~1945*, Berkeley: University of California Press, 1994.

丸田孝志, 『革命の儀禮―中國共産黨根據地の政治運動の民俗』, 汲古書
院, 2013.

笹川裕史, 奧村哲, 『銃後の中國社會―日中戰爭下の總動員と農村』, 岩
波書店, 2007.

王柯, 『東トルキスタン共和國研究―中國のイスラムと民族問題』, 東京大
學出版會, 1995.

제4장

久保亨, 『シリーズ中國近現代史④社會主義への挑戰 1945~1971』, 岩波
書店, 2011.

王雪萍, 「時代とともに變化してきた抗日戰爭像 1949~2005―中國の中學
歷史敎科の'敎學大綱'と敎科書を中心に」, 『軍事史學』第45卷 第4號,
2010.3.

金野純, 「毛澤東時代の'愛國'イデオロギーと大衆動員―建國初期の愛國
公約運動を中心に」, 『中國―社會と文化』第26號, 2011.7.

古廐忠夫, 「二十世紀中國における人民・國民・公民」, 西村成雄編, 『現
代中國の構造變動3ナショナリズム―歷史からの接近』, 東京大學出版
會, 2000.

笹川裕史, 『中華人民共和國誕生の社會史』, 講談社, 2011.

毛里和子, 『周邊からの中國―民族問題と國家』, 東京大學出版會, 1998.

田中恭子, 『國家と移民―東南アジア華人世界の變容』, 名古屋大學出版
會, 2002.

牧陽一, 松浦恆雄, 川田進, 『中國のプロパガンダ藝術―毛澤東樣式に見

る革命の記憶』, 岩波書店, 2000.

제5장·종장

高原明生, 前田宏子, 『シリーズ中國近現代史⑤開發主義の時代へ 1972~2014』, 岩波書店, 2014.

川島眞責任編輯, 『シリーズ日本の安全保障5チャイナ·リスク』, 岩波書店, 2015.

服部龍二編, 『日中關係史1972~2012 Ⅰ政治』, 東京大學出版會, 2012.

本田善彦, 『臺灣と尖閣ナショナリズム─中華民族主義の實像』, 岩波書店, 2016.

山本秀也, 『南シナ海でなにが起きているのか─米中對立とアジア·日本』, 岩波書店, 2016.

江藤名保子, 『中國ナショナリズムのなかの日本─'愛國主義'の變容と歷史認識問題』, 勁草書房, 2014.

高原明生, 丸川知雄, 伊藤亞聖編, 『東大塾─社會人のための現代中國講義』, 東京大學出版會, 2014.

費孝通編著, 西澤治彦, 塚田誠之, 曾士才, 菊池秀明, 吉開將人譯, 『中華民族の多元一體構造』, 風響社, 2008(원저 1989).

緒形康, 「中國現代思想 1991~2003」, 『現代中國』第78號, 2004.8.

崔之元, 「制度創新與第二次思想解放」, 『二十一世紀』(香港) 第24期, 1994.8.

汪暉著, 村田雄二郎, 砂山幸雄, 小野寺史郎譯, 『思想空間としての現代中國』, 岩波書店, 2006.

村田忠禧, 「愛國主義と國際主義について─『人民日報』社說を素材にした分析」, 日中コミュニケーション研究會編, 『日中相互理解とメディアの役割』, 日本僑報社, 2002.

그림 출전

上海圖書館編,『上海圖書館藏歷史原照』, 上海: 上海古籍出版社, 2007.

萬仁元主編,『袁世凱與北洋軍閥』, 香港: 商務印書館(香港), 1994.

萬仁元主編,『孫中山與國民革命』, 香港: 商務印書館(香港), 1994.

ジョナサンス ベンス・アンビン チン編, 姬田光義監修,『フォトドキュメント中國の世紀』, 大月書店, 1998.

中央通訊社,『影像・中國1911~1960 文化思潮與社會運動─西化・傳統』, 臺北: 商周出版, 2014.

Alexander Pantsov, *The Bolsheviks and the Chinese Revolution 1919~1927*, Richmond: Curzon, 2000.

萬仁元主編,『蔣介石與國民政府』, 香港: 商務印書館(香港), 1994.

中國革命博物館編纂,『中國共産黨七十年圖集』, 上海: 上海人民出版社, 1991.

中央通訊社,『影像・中國1911~1960 國共分合─向左走・向右走』, 臺北: 商周出版, 2014.

張篠强主編,『圖片中國百年史』, 齊南: 山東畫報出版社, 1994.

平野聰,『興亡の世界史17大淸帝國と中華の混迷』, 講談社, 2007.

山本秀也,『南シナ海でなにが起きているのか─米中對立とアジア・日本』, 岩派書店, 2016.

관련 연표

1644   명 멸망. 청 베이징 천도

1689   청, 러시아와 네르친스크조약 체결

1727   청, 러시아와 캬흐타조약 체결

1762   청, 신장에 이리장군 설치

1793   영국사절 매카트니 건륭제 알현

1840   아편전쟁(~1842)

1842   청, 영국과 난징조약 체결. 홍콩 할양

1851   태평천국의 난(~1864)

1856   제2차 아편전쟁(~1860)

1858   청, 영 · 프 · 미 · 러와 톈진조약 체결

1860   청, 영 · 프 · 러와 베이징조약 체결

1874   일본, 대만 출병

1879   일본, 류큐 처분

1884   청불전쟁(~1885)

1885   청, 프랑스와 톈진조약 체결

1894   청일전쟁(~1895)

1895   청, 일본과 시모노세키조약 체결. 대만 등 할양. 삼국간섭

1898   3월 독일, 자오저우만 조차. 러시아, 뤼순 · 다롄 조차. 6~9월 무술변법. 7월 영국, 웨이하이웨이 조차. 12월 량치차오, 『청의보』 창간

1899   11월 프랑스, 광저우만 조차

1900   6~8월 의화단전쟁

1901   1월 광서신정 개시. 9월 베이징의정서(신축조약) 체결

1902   2월 량치차오, 『신민총보』 창간

1903   4월 거아운동

1904 2월 러일전쟁(~1905)

1905 5~8월 반미보이콧운동. 8월 쑨원 등 중국동맹회 결성. 11월『민보』창간

1906 9월 청, 예비입헌 선언

1908 2월 제2타츠마루 사건. 9월 흠정헌법대강 공포. 11월 광서제 · 서태후 사망. 12월 선통제 즉위

1911 10월 우창봉기. 신해혁명 개시. 12월 몽골, 독립선언

1912 1월 중화민국임시정부 성립. 2월 선통제 퇴위

1913 2월 달라이 라마 13세, 티베트의 독립성에 관해 보고. 7월 구혁명파의 봉기(제2혁명). 10월 위안스카이, 정식으로 대총통 취임. 심라회의(~1914)

1914 7월 제1차 세계대전(~1918). 9월 캬흐타회의(~1915). 일본군, 산둥반도 상륙

1915 1~5월 21개조 요구 교섭. 9월 천두슈,『청년잡지』창간. 12월 위안스카이, 황제즉위 결정. 반대파 봉기

1916 3월 위안스카이, 황제즉위 취소

1917 8월 중화민국, 독일 · 오스트리아에 선전포고. 11월 러시아 10월혁명

1918 1월 윌슨, 14개조 연설

1919 1~6월 파리강화회의. 5월 5 · 4운동. 7월 소년중국학회 결성. 10월 중국국민당 결성

1921 7월 몽골인민정부 성립. 중국공산당 결성. 11월 워싱턴회의(~1922)

1922 2월 9개국조약 · 산둥현안해결에 관한 조약 등 체결

1923 2월 뤼순 · 다롄 회수운동. 9월 관동대지진

1924 1월 중국국민당 제1차 전국대표대회, 국공합작 결정. 11월 몽골인민공화국 성립

1925 5월 5 · 30사건. 7월 광저우에서 국민정부 성립

중국 내셔널리즘

1926   7월 국민혁명군, 북벌 선언

1927   1월 국민정부, 우한 이전. 3월 난징사건. 4월 장제스, 상하이쿠데
        타. 난징에 국민정부 수립. 7월 우한정부, 분공 결정

1928   4월 국민혁명군, 북벌 재개. 5월 지난사건. 6월 장쭤린폭살사건.
        국민혁명군, 베이징 입성. 10월 훈정강령 발표

1929   6월 쑨원봉안대전. 9월 봉소전쟁

1930   5월 중원대전. 중일관세협정. 관세자주권 회복

1931   9월 만주사변 발발

1932   1월 제1차 상하이사변. 3월 만주국 성립

1933   3월 국제연맹, 만주국 불승인 결정. 일본, 국제연맹 탈퇴. 5월 당고
        정전협정

1935   6월 허잉친 · 우메즈 협정, 친더춘 · 도이하라 협정. 8월 중국공산
        당, 8 · 1선언. 11월 국민정부, 폐제개혁. 일본, 기동방공자치위원
        회 조직. 12월 12 · 9운동

1936   5월 국민정부, 헌법초안 공포. 6월 전국각계구국연합회 성립

1937   7월 루거우차오사건. 중일전면전으로. 8월 제2차 상하이사변. 9월
        제2차 국공합작. 11월 국민정부, 충칭 이전 결정. 12월 난징사건

1940   3월 왕징웨이, 난징에 국민정부 조직

1941   12월 태평양전쟁(~1945)

1942   1월 연합국공동선언

1943   1월 국민정부, 미국 · 영국과의 조약 개정. 치외법권 철폐. 11월 카
        이로회담

1944   4월 일본군, 대륙타통작전. 11월 동투르키스탄공화국 성립
        (~1946)

1945   2월 얄타회담. 8월 일본, 포츠담선언 수락 결정. 중소우호동맹조
        약 체결. 10월 국공, 쌍십협정. 국제연합 성립

1946   1월 정치협상회의. 11~12월 제헌국민대회

1947   1월 중화민국헌법 공포. 2월 2 · 28사건

1948 3~5월 행헌국민대회

1949 10월 중화인민공화국 성립. 12월 중화민국, 타이베이 이전 결정

1950 2월 중소우호동맹상호원조조약 체결. 6월 한국전쟁(~1953)

1951 9월 샌프란시스코강화회의. 10월 인민해방군, 티베트 진주. 12월
삼반운동 개시

1952 2월 오반운동 개시. 4월 일본, 독립 회복. 미일안보조약 발효. 일화
평화조약 체결. 6월 제1차 중일민간무역협정 체결

1954 9월 중화인민공화국헌법 공포

1956 2월 후르쇼프, 스탈린 비판. 5월 '백화제방, 백가쟁명' 개시

1957 6월 반우파투쟁 개시

1958 대약진정책 개시

1959 3월 티베트동란. 달라이 라마 14세 인도 망명

1962 10~11월 중국-인도 국경분쟁

1963 6월 중소대립이 공공연해짐

1964 10월 중국, 핵실험 실시

1966 8월 문화대혁명 개시(~1976)

1967 5월 홍콩, 반영(反英) 폭동

1969 3월 중소국경분쟁

1970 11월 미국에서 대만·홍콩 유학생에 의한 '보조'운동 개시

1971 10월 UN, 중화인민공화국의 대표권 결의. 대만, UN 탈퇴

1972 2월 닉슨 방중. 9월 중일공동성명. 국교정상화(대만과 단교)

1974 1월 중국, 난사제도 실효지배

1978 8월 중일평화우호조약 체결. 12월 개혁개방정책 개시

1979 1월 중미국교수립. 2~3월 중국-베트남전쟁

1982 7월 역사교과서문제

1985 8~9월 야스쿠니신사 참배문제

1989 6월 6·4천안문사건. 12월 몰타회담. 동서냉전 종결

1991 12월 소련 해체

1992 1~2월 덩샤오핑, 남순강화(남방담화). 2월 영해법 제정

1994 8월 애국주의교육실시강요 발표

1996 3월 대만, 최초 총통직접선거 실시. 대만해협 위기

1997 7월 홍콩 반환

1999 5월 주유고슬라비아중국대사관 폭격사건. 12월 마카오 반환

2001 7월 중국공산당, 사영기업가의 입당 해금. 9월 미국 동시다발 테
      러사건. 12월 중국, WTO 가입

2005 3~4월 UN안보리문제 · 야스쿠니신사 참배문제 등을 둘러싼 반일
      운동

2008 1월 수입냉동만두 중독사건. 3월 티베트동란. 5월 쓰촨대지진. 8
      월 베이징올림픽. 9월 세계금융위기

2009 7월 신장우르무치동란

2010 5~10월 상하이만국박람회. 9월 센카쿠열도 인근해역에서 어선충
      돌사건 발생. 12월 중국, GDP에서 일본을 제치고 세계 2위로 올
      라섬.

2012 9월 센카쿠열도 국유화를 둘러싼 반일운동

2013 11월 중국, 동중국해에 방공식별구역 설정

2014 3월 대만, 해바라기학생운동. 9월 홍콩, 우산운동

찾아보기